# Cómo Comprar un Automóvil

James M. Kramon

Abogado

SPHINX® PUBLISHING
AN IMPRINT OF SOURCEBOOKS, INC.®
NAPERVILLE, ILLINOIS
www.SphinxLegal.com

Primera Edición: 2006

Publicado por: **Sphinx® Publishing, Impresión de Sourcebooks, Inc.®**

Naperville Office
P.O. Box 4410
Naperville, Illinois 60567-4410
630-961-3900
Fax: 630-961-2168
www.sourcebooks.com
www.SphinxLegal.com

Esta publicación está destinada a proporcionarle información correcta y autorizada respecto a
los asuntos cubiertos. Se vende entendiéndose que la editorial no se compromete a suministrar
servicios legales o contables, ni ningún otro tipo de servicios profesionales. Si se requiere aseso-
ramiento legal u otro tipo de consulta profesional, se deberán contratar los servicios de un
profesional competente.

*De una Declaración de Principios aprobada conjuntamente por un Comité de la Asociación
Americana de Colegios de Abogados y un Comité de Editoriales y Asociaciones*

**Este libro no reemplaza la ayuda legal.**
*Advertencia requerida por las leyes de Texas.*

---

Library of Congress Cataloging-in-Publication Data

Kramon, James M.
  Cómo comprar un automóvil / por James M. Kramon ; traducccion, Ana Paula
Bonifacino.
    p. cm.
  ISBN-13: 978-1-57248-546-4 (pbk. : alk. paper)
  ISBN-10: 1-57248-546-9 (pbk. : alk. paper)
  1. Automobiles--Purchasing. 2. Hispanic American consumers. I. Title.

TL162.K73 2006
629.222029--dc22
                        2006017963

---

Impreso en los Estados Unidos de America
VP — 10  9  8  7  6  5  4  3  2  1

# Agradecimientos

Valerie Lazzaro de American Express Tax y Business Services, Inc. me ayudó con las cuestiones impositivas que se analizan en este libro. Un asistente judicial, James Shea, y un estudiante de derecho, James Ulwick, han proporcionado referencias y colaborado en la investigación para el libro. Mis editores de Sphinx/Sourcebooks, Dianne Wheeler y Michael Bowen, me ayudaron a definir y finalizar el manuscrito para este libro. Como siempre, Nancy Sumwalt preparó y organizó todo el libro y brindó sugerencias útiles respecto de su contenido. Agradezco a todas estas personas por su ayuda.

# Índice

# Introducción

Este libro explica todo lo que necesita saber acerca de los automóviles. Explica cómo elegir y comprar automóviles y cómo usarlos adecuadamente. Además, analiza el alquiler o el alquiler con opción a compra de un vehículo como alternativa para comprar uno. Este libro explica lo que necesita saber acerca de los requisitos legales que rigen para los automóviles y el seguro de automóvil. También analiza la mejor manera de vender un auto.

Existen leyes particulares que rigen el uso de automóviles según el estado en el que resida. Cada estado tiene leyes especiales acerca del registro de automóviles, de la inspección correcta de los automóviles, de cómo contratar un seguro de automóvil y de accesorios obligatorios para automóviles, tales como los cinturones de seguridad. En los anexos que figuran al final del libro, encontrará información acerca de las leyes especiales de su estado. Cada estado tiene un Departamento de Vehículos a Motor que controla la mayoría de las cuestiones relacionadas con los automóviles y cuenta con personas disponibles para responder a sus preguntas. Los Departamentos de muchos estados cuentan con personas que hablan español. Los Departamentos de Automotores también figuran en los anexos.

Existen muchos sitios Web que brindan información relacionada con los automóviles, su estado, registro, seguro, seguridad y otras cuestiones. En este libro encontrará referencias de algunos de esos sitios Web, que serán útiles para investigar datos acerca de los automóviles.

Los automóviles ofrecen muchas ventajas a aquellos que los compran y usan de manera responsable. Las leyes que rigen a los automóviles están hechas de manera tal que todos las comprendan y las cumplan. Si se toma el tiempo para comprender y cumplir con los requisitos legales que rigen para los automóviles, se dará cuenta de que evitar problemas no es difícil. La información de este libro le permite hacer todo esto. Le deseo éxito en su búsqueda y uso de un automóvil.

# Capítulo 1

# La Decisión de Comprar un Automóvil

Antes de dar el primer paso para elegir un automóvil, la primera decisión que debería tomar es si debería comprar o no un automóvil. Un automóvil no es como otros bienes. Puede afectar todos los aspectos de su vida, incluso dónde puede trabajar y el tipo de trabajo que puede hacer. El mantenimiento y uso de un automóvil requiere dinero constantemente. Para tomar esta decisión, debe decidir si la compra de un automóvil le resultará útil y si puede costear su compra.

## Cómo Afecta su Vida un Automóvil

Para la mayoría de las personas, lo primero que se tiene en cuenta para decidir la compra de un automóvil es el trabajo. Si necesita un automóvil para trabajar, como es el caso de determinados tipos de vendedores y otras personas que deben trasladarse a diferentes lugares, la decisión de tener un automóvil es fácil. A menos que su empleador le proporcione un automóvil, deberá comprarse uno. También necesitará un automóvil si debe conducir hasta el trabajo y de regreso del trabajo. (El

Capítulo 3 explica cuáles son los gastos del automóvil que son necesarios para el trabajo y son deducibles de sus ingresos con fines impositivos).

Además de las consideraciones laborales, hay una serie de cuestiones en las que debe pensar al planificar la compra de un automóvil. Si no tiene intención de usar el automóvil en forma regular, debe asegurarse de que halla un lugar donde pueda estacionarlo durante períodos prolongados sin correr el riesgo de sufrir daños o robo. Lo ideal para los automóviles es no dejar de utilizarlos por períodos prolongados.

---

### Consejo Sobre Automóviles

Piense en todas sus necesidades de transporte antes de comprar un automóvil y determine si tener uno simplificará su vida o la hará más difícil.

---

Las personas que viven en ciudades muy pobladas, en las que hay buenos medios de transporte público y en donde es difícil conseguir estacionamiento, a menudo consideran que es mejor no tener un automóvil. Si decide que en su situación lo mejor es tener un automóvil, aún debe considerar cuidadosamente todos los costos que esto implica.

Los costos de un automóvil se clasifican en dos grupos. Los primeros son los costos en los que incurrirá al comprar el automóvil. Los segundos son los costos en los que incurrirá al usarlo. Ambos costos son muy importantes y es necesario analizarlos en forma individual.

# Costos de Comprar un Automóvil

Los costos de comprar un automóvil incluyen el precio de compra, cualquier característica adicional que usted solicite, el impuesto sobre ventas y los gastos de adjudicación del título de propiedad y registro, gastos de inspección y posiblemente gastos de garantía extendida. Considere cuidadosamente estos costos antes de adquirir un automóvil.

## Precio de Compra

El precio de compra de un automóvil es la suma que debe pagar por él. Muchos costos componen esa cifra. Además del precio base o *precio de etiqueta*, están los impuestos, los gastos de documentación, gastos de patente y otros gastos posibles que se suman para alcanzar el precio final que usted pagará. El concesionario que le vende el automóvil cobrará impuestos sobre ventas y estos gastos. Si desea realizarle cambios adicionales al automóvil cuando lo compra, o si compra alguna forma de garantía extendida sobre el automóvil, estos costos también se incluirán en el precio de compra.

Si bien se deben tener en cuenta todos estos costos, el principal es el precio base. Una forma de evaluar si puede pagar el precio base es decidir si le conviene elegir un automóvil nuevo o uno usado. Si bien los automóviles usados son menos costosos, la garantías de los automóviles nuevos son mucho más prolongadas (quizás cinco años), lo cual hace que los gastos en reparaciones y mantenimiento futuros sean menos costosos. Algunos automóviles usados tienen garantías muy cortas (quizás treinta días), y si compra un automóvil directamente a una persona, habitualmente no hay ninguna garantía. (En el Capítulo 2 se analizarán las garantías más detalladamente).

## Precio de los Automóviles

Puede tener una idea del costo de los automóviles nuevos o usados leyendo los anuncios de los periódicos locales o visitando algunos concesionarios de automóviles nuevos o usados. No se deje engañar por los precios de etiqueta de los automóviles nuevos, ya que generalmente no son exactos. Los fabricantes de automóviles ofrecen a los concesionarios lo que se denomina una "retención," una suma de dinero que los concesionarios no deben pagar al fabricante aunque esté incluida en el precio de etiqueta.

Si desea averiguar cuánto está realmente pagando un concesionario por un automóvil, hay varias maneras de hacerlo. Una manera es leer las guías para compradores llamadas *Pace Buyer's Guides*. Estos libros están disponibles en varias librerías y no debería tener inconvenientes para conseguirlos. Incluyen los precios reales de los concesionarios para muchos tipos de automóviles nuevos. También existen sitios Web que brindan esta información. Dos ejemplos de estos sitios son:

- www.edmunds.com y

- www.autoquote.com.

---

**Consejo Sobre Automóviles**

No debe creerle a los concesionarios cuando le muestran las facturas de compra de los automóviles, ya que, a menudo, existen varias facturas para el mismo automóvil.

---

La forma en la que usted paga el precio de compra también afecta sus costos generales. Algunas personas pagan sus autos en efectivo y otras usan distintos tipos de financiación. Estos casos también se analizan en el Capítulo 2.

## Características

Uno de los factores que pueden aumentar en gran medida el precio de un automóvil son las características que éste ofrece. Cuantos menos accesorios tenga, será menos costoso. Si bien es agradable tener todos los detalles decorativos, lo importante al elegir un automóvil es recordar qué es lo que usted necesita y qué es lo que no necesita. Si compra un automóvil que es mucho más grande de lo que necesita o tiene características que usted no usa, estará pagando cosas que no tienen un valor verdadero para usted. Tarde o temprano, también estará pagando los costos de mantenimiento de esos artículos. La mayoría de las personas prácticamente nunca usan muchos de los detalles ornamentales que hoy en día vienen con los automóviles pero, cuando se rompen, su reparación puede ser bastante costosa.

Hay determinadas características que usted deseará y necesitará. El Capítulo 2 analiza cómo hacer una inspección de su automóvil a fin de que pueda asegurarse de que sus principales características funcionen bien. Si adquiere un automóvil nuevo, esto no es necesario, ya que los fabricantes de automóviles nuevos brindan garantías a los compradores. Existen sitios Web disponibles para obtener información específica acerca de los automóviles, como por ejemplo si han sido parte de un accidente. Dos ejemplos de estos sitios Web son:

- www.carfax.com ($8 por informe o $25 por un mes de informes ilimitados) y

- www.autocheck.com ($20 por un informe o $25 por dos meses de informes ilimitados).

---

### Consejo Sobre Automóviles

Los Costos de Comprar un Automóvil
- Precio de compra, incluidos todos los accesorios y conceptos especiales, tales como la capa base
- Impuesto de ventas
- Seguro de automóvil
- Gastos de adjudicación de título de propiedad y de registro
- Gastos de inspección
- Gastos de garantía extendida

---

Además del precio del auto en sí, existen otros costos directos, algunos de los cuales fueron mencionados anteriormente, que usted deberá pagar para que alguien inspeccione el automóvil si compra un automóvil usado—el impuesto sobre ventas, los gastos de adjudicación del título de propiedad y registro, y posiblemente, otros costos. Asegúrese de incluir todos estos costos en el precio de compra que tiene pensado pagar.

# Costos de Tener un Automóvil

Si compra un automóvil, tendrá los gastos habituales en concepto de combustible y aceite, reparaciones y mantenimiento general, gastos de registro y posibles gastos de estacionamiento y mecánico, lavadero de automóviles, peajes e inspecciones estatales. El combustible y el aceite, las reparaciones y el mantenimiento general variarán según el estado de su automóvil y cuánto lo usa. La mayoría de los estados que requieren inspecciones, las requieren una vez por año. Algunas inspecciones tienen que ver con las condiciones mecánicas del automóvil y otras con las emisiones. Las emisiones son los gases que emite el caño de escape de su automóvil y que pueden estar reglamentadas en su estado. Los gastos de registro se cobran por uno o más años a la vez en los distintos estados. Puede averiguar los requisitos de su estado llamando a su Departamento de Vehículos a Motor (Department of Motor Vehicles).

## Seguro

Un costo muy importante relacionado con tener un automóvil es el *seguro*. Existen requisitos estatales relacionados con el seguro que usted debe cumplir y hay buenos motivos por los que quizás debería tener en cuenta la posibilidad de obtener un mayor seguro que el que requiere su estado. Este asunto se analiza en detalle en el Capítulo 2. Debe analizar el seguro antes de comprar un automóvil para estar seguro de que está en condiciones de enfrentar este gasto adicional. Debe estar seguro de que es elegible para el seguro a fin de que pueda obtenerlo cuando compre su automóvil. La mejor manera de hacerlo es verificar con un agente de seguros independiente que venda seguros de automóvil para varias compañías. Puede encontrar estos agentes en su directorio telefónico local o consultando a sus amigos o a las personas con las que trabaja. Analice la cuestión del seguro cuidadosamente, ya que es una de las cuestiones más importantes relacionadas con su automóvil.

---

### Consejo Sobre Automóviles

Costos de Tener un Automóvil

- Seguro de automóvil
- Gastos de estacionamiento y mecánico
- Gastos de mantenimiento, tales como aceite, lubricantes y reparaciones generales
- Gastos de registro y de renovación de patente
- Gastos de inspecciones periódicas requeridas por su estado
- Combustible y aceite
- Peajes
- Lavaderos de automóviles

---

## Advertencia Acerca de Compartir Automóviles

A menos que esté casado y comparta las responsabilidades financieras con su cónyuge, no debe ser propietario de un automóvil junto con otra persona. El problema principal de compartir un automóvil con otra persona es usted puede ser responsable de cualquier daño que la otra persona provoque con el automóvil, aún cuando usted no tenga nada que ver con él. Como uno de los propietarios del automóvil, pueden iniciar acciones legales contra usted por cosas que haga o no haga el otro propietario. No tiene sentido asumir tales responsabilidades y no debería hacerlo.

Si ha tomado la decisión de comprar un automóvil, debe consultar el Capítulo 2 para obtener información acerca de los pasos específicos que debe seguir para hacerlo. Asegúrese de seguir cada uno de los pasos cuidadosamente, ya que comprar un automóvil es un asunto serio. Si no comprende algo que debe comprender para comprar un automóvil y para estar más tranquilo de que está haciendo lo correcto, pídales a otras personas que lo ayuden. En muchos lugares, hay personas en el Departamento de Vehículos a Motor que hablan español. Su Departamento de Vehículos a Motor es un buen lugar para obtener determinados tipos de ayuda y encontrará a otras personas que lo ayudarán en la mayoría de los lugares.

# Capítulo 2

# Cómo Comprar un Automóvil y Contratar un Seguro

La compra de un automóvil implica una serie de pasos; sin embargo, una vez que usted comprende lo que se requiere, es fácil completar cada uno de ellos. Hay determinadas cosas que debe hacer para decidir el mejor tipo de de automóvil para usted y luego, elegir el automóvil que va a comprar. Hay cosas que debe hacer para obtener el seguro adecuado para su automóvil, lo cual es muy importante y necesario en términos legales. Para muchas personas, el financiamiento es una cuestión a considerar al comprar un automóvil. También hay requisitos para obtener el *título* (propiedad) de un automóvil, registrar un automóvil para poder conducirlo en las rutas públicas y para usar las patentes. Este capítulo analiza cada una de estas cuestiones necesarias y explica la mejor manera de conseguirlas.

## Elección de su Automóvil

El primer paso para la compra de un automóvil es decidir qué automóvil comprar. Preste atención a las diferentes fuentes de información (tal como se indicó en el Capítulo 1) y elija el automóvil de la marca, modelo, tamaño, antigüedad y costo adecuados para usted. Recuerde preguntar acerca de los costos de las reparaciones, ya que estos varían según los automóviles. Tenga en cuenta que si compra un automóvil nuevo, una de las ventajas es que usted recibe una garantía del fabricante. Las garantías aseguran que determinados tipos de reparaciones se realizarán a bajo costo o sin cargo alguno durante un determinado tiempo hasta que el automóvil alcance un determinado millaje. Sin embargo, recuerde también que el valor de los automóviles nuevos disminuye rápidamente durante el primero o segundo año. Si compra un automóvil nuevo y decide venderlo inmediatamente, perderá mucho dinero en poco tiempo.

## Financiamiento de su Automóvil

Hay personas que compran automóviles y pueden pagarlos de una vez. Otras financian la compra, para lo cual hacen un pago inicial seguido de pagos mensuales en un banco o en otra compañía financiera hasta cancelar el precio total del automóvil. Los concesionarios de automóviles nuevos y usados generalmente pueden otorgar este financiamiento si usted reúne los requisitos para obtenerlo. Habitualmente, son suficientes un buen empleo y crédito para obtener financiamiento.

## Consejo Sobre Automóviles

Preguntas que debe hacer acerca del financiamiento

- ¿Qué es el anticipo?
- ¿Qué son los pagos mensuales?
- ¿Durante cuánto tiempo se realizan los pagos mensuales?
- ¿Cuáles son los requisitos específicos, tales como un seguro de automóvil en particular, necesarios para un financiamiento?
- ¿Cuál es la tasa de interés anual que se aplica a este préstamo?
- ¿Hay algo que puedo hacer para obtener una tasa de interés menor?
- ¿Con quién puedo hablar en español si tengo alguna pregunta una vez que elija este financiamiento?

Hay algunas cosas que debe saber cuando financia un automóvil. Generalmente, el monto de sus pagos mensuales variará según la duración (*plazo*) y la tasa de interés de su préstamo. Los préstamos para comprar automóviles generalmente requieren que la persona que pide el préstamo realice algún tipo de pago al principio (*anticipo*). Luego, deberá realizar los pagos mensuales hasta haber cancelado el préstamo por completo.

Si obtiene financiamiento para su automóvil, asegúrese de que el plazo del préstamo tenga la duración que usted desea. Los plazos de los préstamos para comprar automóviles, por lo general, son de tres o más años, y de cinco años es el habitual. Además, asegúrese de que la tasa de interés que paga por el dinero que pide prestado sea razonable. Para ellos, lea su periódico local o llame por teléfono a algunos bancos o entidades financieras que otorguen préstamos para automóviles.

Los bancos y las entidades financieras, lo aconsejarán acerca de la tasa de interés del préstamo, que se denomina *tasa de interés anual* (APR, por sus siglas en inglés). La APR es la tasa de interés que un préstamo le exige que pague cada año. Obviamente, usted debe aspirar a la APR más baja posible, de manera tal que los pagos mensuales sean los más bajos posible. Debe analizar atentamente el costo de un préstamo, que puede incluir los honorarios de un abogado y cargos de solicitud, entre otros. Asegúrese de entender todos estos montos antes de firmar un contrato de préstamo.

Si tiene un préstamo para su automóvil que no ha pagado por completo, no podrá vender su automóvil hasta cancelarlo. Cuando financia un automóvil, el banco o la compañía financiera que le presta el dinero, adquiere lo que se conoce como *prenda*. Las prendas se registran generalmente en el Departamento de Vehículos a Motor, y no puede vender un automóvil con una prenda, a menos que se la cancele. Los bancos y las compañías financieras tienen una prenda sobre su automóvil hasta que usted pague el préstamo por completo. El banco o la compañía financiera pueden aconsejarle cuánto debe pagar para cancelar su préstamo. Con una prenda, el banco o la compañía financiera pueden apropiarse del automóvil si usted no cumple con el pago o intenta vender el automóvil. Existen consecuencias legales graves si intenta vender un automóvil sin haber cancelado un préstamo y levantado la prenda. No debe intentar hacerlo jamás.

Si existe una prenda sobre un automóvil que usted quiere comprar, debe cancelarse a fin de que el vendedor pueda transferirle el título y registro. Es sumamente importante cuando vende su automóvil que haga los arreglos necesarios para cancelar el préstamo, a fin de que pueda transferir la propiedad del automóvil y que el préstamo no sea un obstáculo. Los concesionarios de automóviles generalmente se encargan de estas cuestiones.

## Inspección de su Automóvil

Si el automóvil que está comprando es usado, coordine para que un mecánico independiente inspeccione el automóvil antes de firmar el contrato de compra. Como los automóviles nuevos tienen garantías de fábrica, no es necesario hacerlos inspeccionar. Algunos concesionarios de automóviles usados también ofrecen garantías. Si le otorgan una garantía por un período razonable, quizás no sea necesario hacer inspeccionar su automóvil. Sin embargo, si compra un automóvil usado a una persona que no es un concesionario, o si compra un automóvil usado a un concesionario con una garantía muy corta o sin garantía, es sumamente importante realizarle una inspección.

La inspección de un automóvil deberá realizarla un mecánico independiente, de manera tal que usted se asegure de recibir una inspección honesta. Debe coordinar con el vendedor para llevar el automóvil a un mecánico que conozca ese tipo de automóviles a fin de que realice la inspección. El mecánico le cobrará un cargo por hacerlo, pero vale la pena pagarlo.

---

### Consejo Sobre Automóviles

Si la inspección determina que el automóvil tiene un inconveniente grave o si no le convencen los resultados de la misma, no compre el automóvil.

---

Verifique que las inspecciones estatales estén al día. Para averiguar cuáles son las inspecciones que exige su estado, comuníquese con el Departamento de Vehículos a Motor. Cada estado requiere diferentes tipos de inspecciones, como de seguridad y de emisiones, entre otras. La mayoría de los estados proporcionan etiquetas que deben adherirse al parabrisas del automóvil o a la patente para indicar cuáles fueron las inspecciones más recientes. Asegúrese de que el automóvil que compra tenga las etiquetas adhesivas correspondientes a las inspecciones más recientes exigidas.

## Garantías

Los automóviles nuevos y algunos usados, las reparaciones y los repuestos generalmente se venden con determinadas garantías. Las garantías son promesas del concesionario de que los repuestos o servicios que le proporciona se encuentran en buen estado de funcionamiento y que así será por un tiempo determinado. Es importante que comprenda con precisión qué garantías recibe y cómo aprovecharlas si necesita aplicarlas.

---

### Consejo Sobre Automóviles

Preguntas que debe hacer acerca de las garantías

- ¿Se trata de una garantía de los repuestos, de los servicios o de ambos?
- ¿Cuánto tiempo dura la garantía?
- ¿La garantía es transferible para alguien que compre mi automóvil?
- ¿La garantía requiere que pague algo en caso de necesitar una reparación?
- ¿A dónde puedo llevar mi automóvil para que se le realicen las reparaciones cubiertas por la garantía?
- ¿Se proporcionan garantías extendidas? En caso afirmativo ¿cuánto cuestan?

Cuando usted compra un automóvil o recibe un servicio para él, generalmente recibirá lo que se conoce como *garantía de repuestos y servicios*. Es importante que comprenda el grado de servicio que se incluye en dicha garantía, ya que la garantía de repuestos con garantía de servicios limitada no le hará ahorrar mucho dinero. Por ejemplo, una garantía de repuestos sobre, por ejemplo, la reparación de una transmisión prácticamente no vale la pena. Los repuestos de transmisiones, por lo general, no son costosos; sin embargo, quitar una transmisión para colocarle los repuestos sí lo es. Para este tipo de situaciones, debe asegurarse de que recibe una buena garantía de servicios y de repuestos. Esto también se aplica a las garantías que se proporcionan con los automóviles nuevos o usados.

Cuando solicite al concesionario la aplicación de una garantía, es importante asegurarse de hacerlo dentro de su plazo. Por ejemplo, si se le hace una reparación a su automóvil que se encuentra cubierta por la garantía de seis meses, debe asegurarse de solicitarla dentro de ese período de seis meses. Aun cuando el artículo que reparó se hubiese roto antes de los seis meses, es posible que el concesionario intente evitar reconocer la garantía si usted no presenta el reclamo durante dicho plazo. La mayoría de los concesionarios prefieren no reconocer una garantía si pueden encontrar la manera de hacerlo.

Si le resulta complicado que un concesionario aplique una garantía, a menudo resulta útil presentar una carta redactada en forma correcta. Si necesita ayuda para redactar una carta en inglés, pídale ayuda a alguien. Este tipo de carta debe estar escrita a máquina y debe ser enviada al concesionario por correo certificado con acuse de recibo. El concesionario considerará de importancia a una carta de este tipo y usted recibirá una constancia de que fue entregada en caso de que la necesite en el futuro. En la siguiente página se incluye un modelo del tipo de carta de debería redactar.

Alvaro Picado
327 Winchester Circle
Pittsburgh, Pennsylvania 00000

17 de marzo de 2007

CORREO CERTIFICADO
CON ACUSE DE RECIBO

Emerson Repair Services
3500 Transmission Way
Pittsburgh, Pennsylvania 00000

De mi consideración:

El 14 de enero de 2007 traje mi automóvil Oldsmobile 2001 para que le reemplace el caño de escape, silenciador y tubo de escape. Adjunto una copia de la factura que recibí por dicho trabajo. Como puede observar, el servicio y los repuestos tienen un año de garantía.

Mi automóvil comenzó a despedir gases del tubo de escape dentro del mes después de que usted realizó este trabajo. Se lo traje el 12 de marzo de 2007 y su técnico me informó que debía pagar $287,43 para que reparen el sistema de escape. Esto no coincide con lo que indica la garantía y no tengo intenciones de pagar este trabajo.

Sírvase informarme, dentro de los próximos días, si reparará el sistema de escape de mi Oldsmobile sin cargo. Si no lo hace, iniciaré las acciones legales correspondientes.

Atentamente,

Alvaro Picado

Adjuntos

No incluya ninguna amenaza al concesionario, salvo "iniciar las acciones legales correspondientes" si el concesionario no reconoce la garantía. Incluya todos los hechos en su carta y las fechas en las que sucedieron. Adjunte una copia de la factura que incluya la garantía. Indique claramente que espera que la reparación se realice sin cargo alguno para usted. Si con este tipo de carta no logra obtener los repuestos y los servicios cubiertos por la garantía, estará en condiciones de dirigirse al tribunal de quejas de su estado o a la Oficina de Protección al Consumidor que se encarga de dichas cuestiones. Ante este tipo de cartas, la mayoría de los concesionarios reconocen que usted tiene derecho a lo que reclama y se lo proporcionarán.

## Contratación del Seguro de Automóvil

Las compañías de seguro se califican según su seguridad financiera. Debe contratar el seguro en una compañía que esté bien calificada, ya que las compañías de seguro más débiles pueden cerrar y dejar a los asegurados en una situación muy difícil. Las tres mejores compañías calificadoras del sector seguros son A.M.Best, Moody's y Standard & Poor's. La persona a la que le compre el seguro automotor, preferentemente un agente de seguros independiente, podrá informarle acerca de las calificaciones de las diferentes compañías. En general, las compañías calificadas dentro del rango A son seguras en términos financieros. Las compañías más grandes y conocidas, generalmente reciben calificaciones muy altas.

El seguro automotor de responsabilidad personal tiene dos *límites*. Un límite se conoce como límite "por persona" y el otro se conoce como límite "por caso". El primer límite es la suma más alta que su compañía de seguros pagará a cualquier persona que resulte lesionada en un accidente. El segundo límite es la suma más alta que la compañía de seguros pagará por todo el accidente. Estos límites pueden ser iguales o diferentes según su póliza de seguro. Cada estado tiene requisitos particulares con respecto a los límites de responsabilidad. Estos límites se incluyen en el Anexo B. Por lo general, los límites de responsabilidad pueden aumentar pagando un costo adicional relativamente pequeño. Esto es recomendable ya que los montos exigidos por el estado pueden ser insuficientes para cubrir un accidente grave.

## Aseguradoras de Último Recurso

Cada estado tiene una compañía de seguros obligada a proporcionar seguro a cada propietario calificado de un automóvil del estado. A veces, se conoce a estas compañías como *aseguradoras de último* recurso. En la mayoría de los casos la cobertura de seguro de estas compañías es más costosa que las de otras compañías y, en la mayoría de los casos, estas compañías venderán al propietario de un automóvil únicamente el monto de seguro exigido por el estado. En el Anexo C, se incluye un listado de las compañías de seguro de último recurso de los diferentes estados.

Cada estado tiene una forma diferente para tratar este problema. La mayoría de los estados (42 estados y el Distrito de Columbia) usa un sistema conocido como *plan de riesgo asignado.* Este es un plan conforme al cual el estado le exige a cada asegurador que opera en él asumir una cuota de propietarios que tienen dificul-

tades para obtener un seguro automotor. En estos estados, usted aplica al plan de seguro automotor y el
estado le asigna una compañía de seguros en particular.
Cuando esto sucede, la compañía debe proporcionarle
seguro automotor, aunque, por lo general, está
disponible únicamente en los montos mínimos que
exige la ley estatal. Desafortunadamente, las pólizas de
seguro de riesgo asignadas generalmente también
tienen una prima o un costo más altos.

Otros estados tratan este problema a través de las *asociaciones de seguro conjunto* (que son organizaciones
formadas por varias compañías de seguros que operan
en un estado), instituciones de reaseguro (a las que una
compañía de seguros puede transferir parte de sus
negocios a otra empresa autorizada por el estado), o un
*fondo estatal* (en el que el estado ha creado una compañía de seguros exclusivamente para conductores que
no pueden contratar seguro de otra manera).

Para usted no es demasiado importante con cuál de las
cuatro formas su estado trata este problema si necesita
contratar un seguro automotor y tiene dificultades para
conseguirlo. Autmotores lo que debe hacer en este caso es
averiguar en el Departamento de Vehículos a Motor de
su estado o a través de un agente de seguros cuál es el
método que usa su estado para las necesidades de seguro
automotor de estas personas. Independientemente del
sistema que use su estado, debe completar la solicitud
necesaria y cumplir con cualquier otro requisito que sea
necesario para solicitar este tipo de seguro automotor.
Desafortunadamente, debe prever que recibirá un seguro
mínimo a un alto costo en caso de tener que usar uno de
estos planes para contratar un seguro automotor.

## Consejo Sobre Automóviles

Preguntas que debe hacer al agente de seguros acerca del seguro automotor

- ¿Qué tipos de cobertura puedo elegir?
- ¿Qué tipos de cobertura exige la ley estatal?
- ¿Cuánto cuesta obtener límites de responsabilidad más altos si soy elegible?
- ¿Qué compañías de seguro puede ofrecerme?
- ¿Cuáles son las calificaciones de esas compañías de seguros?
- ¿Cuál es la prima del seguro de cada compañía y qué opciones de pago existen?

El costo del seguro automotor, denominado prima, se paga a diferentes intervalos de tiempo para cada compañía. Algunas compañías le permiten realizar pagos con una frecuencia mensual. Otras exigen los pagos por cuatrimestres o semestres. Hoy en día son pocas las veces en que el seguro automotor se venda con una prima pagadera en un solo pago anual. Las compañías de seguros envían facturas por las primas y el pago generalmente se debe realizar inmediatamente. La falta de pago de la factura de su prima de seguro en forma oportuna ocasionará la anulación de su seguro automotor. En la mayoría de los casos, se envía una notificación de anulación a su Departamento de Vehículos a Motor local. Independientemente de que se envíe la notificación, no tiene permitido usar su automóvil una vez que se haya anulado su seguro automotor y es posible que deba devolver sus placas al Departamento de Vehículos a Motor.

# Tipos de Cobertura de Seguro Automotor

El seguro automotor consta de varias partes porque paga diferentes tipos de daños. Las partes más importantes del seguro automotor son la responsabilidad por daños personales y materiales. Estas partes pagan las lesiones ocasionadas a otras personas o a su propiedad. También hay partes del seguro automotor que pagan la pérdida de su propio automóvil y el daño a su propio automóvil como resultado de un accidente. Otras partes del seguro pagan cuando usted tiene un accidente con otro conductor que no tiene seguro y otros servicios especiales. Esta sección explica cada una de las distintas partes del seguro automotor y lo que necesita saber acerca de ellas para poder contratar una póliza de seguro automotor acorde a sus necesidades.

---

### Consejo Sobre Automóviles

Tipos de cobertura de seguro automotor
- Responsabilidad por daños personales
- Responsabilidad por daños materiales
- Cobertura integral
- Cobertura contra colisiones
- Cobertura contra conductores no asegurados
- Protección contra daños personales (Personal Injury Protection, PIP)
- Cobertura para servicios de emergencia en la carretera
- Cobertura para alquiler temporal de automóvil

---

## Responsabilidad por Daños Personales

La responsabilidad por daños personales es la cobertura de seguro más importante y la mayoría de los estados exigen una suma determinada por este concepto para registrar un automóvil. Este seguro les paga a terceros por las lesiones causadas por el conductor de un automóvil. Generalmente, el propietario del automóvil también debe pagar las lesiones y otros daños, incluso cuando no esté conduciendo. Una de las características más importantes de este tipo de cobertura de seguro es que se le asigna un abogado en caso de que otra persona le inicie acciones legales. Los gastos legales son muy costosos, aun si usted gana el juicio.

## Responsabilidad por Daños Materiales

La responsabilidad por daños materiales es la parte del seguro automotor que paga los daños materiales. Este seguro también tiene un límite en cada póliza de seguro. El límite para daños materiales de las pólizas de seguro automotor es, habitualmente, más bajo que el límite para daños personales, dado que los daños materiales, por lo general, no son tan costosos como los daños personales.

## Cobertura Integral

La cobertura integral es la cobertura para los daños a su automóvil provocados por incendios, otras causes o por robo. Cada propietario de un automóvil debe determinar si el auto vale lo suficiente como para justificar el costo de esta cobertura.

## Cobertura Contra Colisiones

La cobertura contra colisiones paga los daños sufridos por su automóvil en un accidente provocado por usted o por otra persona que conduzca su automóvil. Tanto la cobertura integral como la cobertura contra colisiones pagan la pérdida de su automóvil menos un determinado monto, conocido como *deducible*. Como el monto deducible no está incluido en el monto que la compañía de seguros paga por la pérdida de su automóvil, el costo de la cobertura contra colisiones y cobertura integral se reducen cuando los deducibles son mayores. También deberá determinar si el valor de su automóvil justifica la cobertura contra colisiones.

## Cobertura Contra Conductores No Asegurados

La cobertura contra conductores no asegurados paga los daños provocados por otro conductor que no está asegurado. Muchos estados exigen que este tipo de seguro esté incluido en las pólizas de seguro. El seguro contra conductores no asegurados lo protege a usted y a sus pasajeros contra daños personales en caso de que resulten lesionados por una persona que no tiene seguro. También paga los daños materiales provocados por un conductor no asegurado. Este tipo de seguro generalmente no es muy costoso y se recomienda tenerlo aún cuando su estado no lo exija.

## Protección Contra Daños Personales

El seguro de protección contra daños personales (personal injury protection, PIP) le paga los gastos médicos a usted y, en algunos casos, a los pasajeros de su automóvil, independientemente de quién haya provocada el accidente. Algunos estados exigen este seguro y es relativamente poco costoso. Se recomienda tenerlo aunque no lo exijan.

## Cobertura para Servicios de Emergencia en la Carretera

La cobertura para servicios de emergencia en la carretera paga los servicios en la carretera o un remolque en caso de que se descomponga su automóvil. No es un tipo de seguro muy importante, pero, generalmente, no es muy costoso.

## Cobertura para Alquiler Temporal de Automóvil

La cobertura para alquiler temporal de automóvil es el seguro que le paga un determinado monto de dinero para que alquile un automóvil durante un tiempo limitado en caso de que su auto se rompa en un accidente. Si no está claro quién provocó un accidente, o si usted lo provocó, este tipo de seguro es útil para alquilar un automóvil mientras se está reparando el suyo.

# Alcance del Seguro Automotor a Contratar

Cada estado tiene una ley que establece un monto mínimo de seguro automotor que debe contratar el propietario. Estos requerimientos se resumen en la tabla del Anexo B. Podrá observar que los requerimientos son diferentes para cada estado. Para estar seguro de que conoce los requerimientos actuales de su estado, consulte al Departamento de Vehículos a Motor.

Puede cumplir con la ley y contratar el monto mínimo de seguro automotor exigido en su estado. Sin embargo, el monto mínimo de seguro quizás no sea suficiente si usted u otra persona que conduzca su automóvil tienen un accidente grave que cause daños

personales o materiales. Por este motivo, muchos propietarios de automóviles contratan más seguro
automotor que el monto mínimo exigido en sus estados. En la mayoría de los casos, esto no cuesta mucho
más que contratar los montos de seguro mínimos del
seguro automotor. Desafortunadamente, si usted debe
contratar seguro a través de la aseguradora de último
recurso de su estado, por lo general, no se le conside-
rarán más que los montos de seguro mínimos.

Si tiene un accidente que provoque más daños personales o materiales que el monto de seguro que tenga
contratado, es posible que deba pagar el monto adicional. A veces, el abogado contratado por su compañía
de seguros puede negociar un acuerdo dentro del
monto de seguro que usted tiene contratado, aunque
esto no siempre es posible. Un seguro es algo que debe
tener en cuenta cuando le piden su automóvil prestado
o cuando transporta a muchas personas en él. Estas son
actividades de riesgo que conviene evitar. Obviamente,
todos los conductores, independientemente del monto
de seguro que tengan, deben conducir de la manera
más cuidadosa posible en todo momento.

## Título y Registro

Tramite el título y registro inmediatamente luego de
comprar su automóvil. El título prueba quién es el
dueño del automóvil. Lo expide el Departamento de
Vehículos a Motor. En algunos estados, existe un documento por separado para automóviles, y en otros el
certificado de registro también sirve como título. El
Departamento de Vehículos a Motor de su estado le
proporcionará los documentos pertinentes y le indicará
los pasos a seguir.

Si es necesario realizar inspecciones para registrar un vehículo, también deberá coordinarlas. Consulte con el Departamento de Vehículos a Motor para asegurarse de haber hecho todo lo necesario para obtener un título y registro válidos para su automóvil. Recibirá sus placas como parte del procedimiento de registro. Asegúrese de colocarlas en su automóvil de la manera indicada cuando las reciba y asegúrese de colocar todas las etiquetas necesarias en los lugares adecuados. El conducir sin las placas correspondientes en el automóvil puede ocasionar dificultades con la policía y, quizás, dar lugar a una multa. Si compra un automóvil nuevo o usado en un concesionario de automóviles, el concesionario debe asistirlo en las cuestiones relacionadas con el título y registro.

# Capítulo 3

# Uso y Mantenimiento de un Automóvil

Ser propietario de un automóvil es diferente a ser propietario de prácticamente todos los demás tipos de bienes. Se deben mantener actualizados una serie de requerimientos legales, tales como el registro, las placas y las inspecciones, de acuerdo con las leyes de su estado. Su seguro automotor debe estar vigente todo el tiempo o no podrá usar su automóvil. Su automóvil debe estar estacionado en forma adecuada cuando no lo usa y debe repararlo cuando se rompe. Además debe realizarle el mantenimiento regular, como cambios de aceite y reemplazo de los neumáticos.

El placer y la comodidad que le brinde su automóvil dependen de la atención que le preste a cada una de estas cuestiones. Esto requiere de algo de información, que se incluye en este capítulo. Mantener un automóvil y usarlo en forma adecuada y segura es un trabajo continuo. Si algo sale mal con respecto a los requisitos legales relacionados con los automóviles, su seguro, su estacionamiento o el mantenimiento de su automóvil, su capacidad de usarlo como desea se verá interrumpida. Este capítulo proporciona la información que necesita para ser propietario de un automóvil y recomienda la mejor manera de cumplir con los requisitos.

## Estacionamientos y Talleres Mecánicos

Si tiene pensado dejar su automóvil en la vía pública todos los días, asegúrese de revisar atentamente las reglamentaciones sobre estacionamiento. En la mayoría de los lugares, los automóviles que están estacionados en horarios no permitidos reciben multas o son remolcados hasta otros lugares. Esto puede ser muy incómodo y costoso.

Si conduce su automóvil para ir al trabajo a diario, deberá hacer los arreglos necesarios para dejarlo estacionado allí. Lo ideal es trabajar en un lugar que tenga estacionamiento disponible para los empleados. Si este no fuera el caso, contrate estacionamiento en forma mensual en un estacionamiento o garaje. Si estaciona en la vía pública y el horario de estacionamiento cambia durante su horario de trabajo, esto será muy incómodo. Si usa estacionamientos o garajes en forma regular o cada tanto, es importante tener en cuenta varias cosas.

El boleto que recibe cuando paga un estacionamiento o garaje habitualmente incluye algunas disposiciones legales. Prácticamente todos los boletos de este tipo indican que el estacionamiento o garaje no se responsabiliza por ningún artículo que usted deje en el automóvil en caso de robo o daño. Algunos de estos boletos indican que el estacionamiento o garaje no se responsabiliza en caso de robo o daño a su automóvil mientras está estacionado allí. La ley de la mayoría de los estados dice que estas disposiciones son válidas aún cuando usted no las haya leído o comprendido. Al estacionar su automóvil en un estacionamiento o garaje deberá tener en cuenta que está corriendo riesgos con respecto al cuidado del automóvil y de su contenido.

Si un estacionamiento o garaje requiere que usted deje las llaves en el automóvil, ello implicará más preocupaciones. Si uno de los empleados conduce su automóvil sin cuidado y lastima a otra persona o golpea a alguno de los demás automóviles, es posible que la persona lesionada o el propietario del otro automóvil inicien acciones legales contra el propietario del automóvil que provocó el daño. La otra persona puede decir que el empleado del estacionamiento estaba autorizado para conducir su automóvil y usted será responsable proque es el propietario del automóvil. Esta será una cuestión que deberá manejar su compañía de seguros, pero seguramente le ocasionará un trastorno. Se recomienda evitar dejar el automóvil en estacionamientos o garajes en los que los empleados los conduzcan.

Si utiliza un estacionamiento o garaje en forma habitual, probablemente será mejor tener un contrato para que siempre consiga lugar. El contrato debe indicar el lugar en el que tiene derecho a estacionar, el horario en que el estacionamiento o garaje está abierto, el precio que debe pagar por estacionar (generalmente, en forma mensual) y durante cuánto tiempo tendrá derecho a estacionar. En las ciudades grandes y las zonas muy habitadas, estos contratos pueden durar un año entero.

# Cómo Poner su Automóvil en Condiciones para la Carretera

Además de todas las inspecciones obligatorias de su estado, cada estado tiene un requerimiento de que todos los automóviles que se usan en las carreteras públicas se encuentren en buenas condiciones. Los estados generalmente tienen en cuenta los elementos del automóvil relacionados con la seguridad, especialmente los cinturones de seguridad. Los estados exigen que las luces del automóvil, incluidas las luces delanteras, traseras, luces de giro y balizas, funcionen correctamente. Algunos estados también tienen requerimientos relacionados con el aspecto exterior de los automóviles y muchos tienen requerimientos acerca del humo y los ruidos que emanan de los automóviles. Si un agente de policía determina que su automóvil no cumple con alguno de los requerimientos de su estado, recibirá una boleta que habilita a las cortes de tráfico imponerle una multa o una boleta de advertencia que le exige realizar la reparación dentro de un plazo establecido.

---

### Consejo Sobre Automóviles

Equipos de seguridad que la policía controla minuciosamente

- Cinturones de seguridad y sistemas de sujeción, especialmente para los niños
- Luces, incluidas las luces delanteras, traseras, de freno y de giro
- Sistemas de escape, especialmente emisiones de gases
- Neumáticos
- Limpiaparabrisas
- Vidrios rotos

- Placas
- Etiquetas de inspección
- Estado general del automóvil

## Cinturones de Seguridad

Cada estado tiene leyes que exigen el uso de cinturones de seguridad. También existen requisitos federales que tienen que ver con los asientos de los niños que están respaldados por las leyes estatales. Todas las leyes estatales exigen el uso de los cinturones de seguridad cuando el automóvil está en movimiento y que haya un cinturón de seguridad para cada asiento. Además, hay leyes estatales especiales relacionadas con aquellos niños que pesan menos de una cantidad de libras determinada o que son menores de una edad en particular. Estas leyes exigen asientos especiales para estos niños y a menudo exigen que se instalen en los asientos traseros de los automóviles. Conducir un automóvil con un niño pequeño que no está en un asiento de seguridad adecuado con el cinturón de seguridad correspondiente es una ofensa grave en la mayoría de los estados.

Dado que usted no sabe en qué estados usará su automóvil, deberá equiparlo y usarlo de manera tal que cumpla con todos los requerimientos que pueda enfrentar. Esto es de suma importancia si viaja con uno o más niños pequeños. La policía de muchos lugares a menudo detiene a los automóviles en los que el conductor o los pasajeros no están usando los cinturones de seguridad en forma correcta. Como esto es algo que el agente de policía puede observar desde el exterior del automóvil, le puede ocurrir a cualquier conductor.

Si tiene alguna duda acerca de que su automóvil esté equipado en forma correcta, comuníquese con la policía local de su área y solicite información sobre de esta cuestión. La mayoría de los concesionarios de automóviles conocen los requerimientos en cuanto a cinturones de seguridad. Si alguno de sus cinturones de seguridad no llega a cumplir con la ley de todos los estados en los que vaya a utilizar el automóvil o está roto, procure de inmediato que le reemplacen o reparen los cinturones de seguridad. Si un agente de policía lo detiene, es muy probable que le exijan esto.

## Uso de Teléfonos Celulares

Muchos estados tienen restricciones para el uso de teléfonos celulares en los automóviles. Un tipo de restricción exige que su automóvil esté equipado con equipos de manos libres si tiene un celular instalado en el automóvil. Muchos estados no permiten que se conduzca un automóvil mientras se sostiene un teléfono celular en la mano. Algunos estados hacen otras cosas para desalentar el uso de teléfonos celulares en los automóviles y las leyes sobre esta cuestión cambian constantemente. Se recomienda conocer la ley de cada estado en el que vaya a conducir si tiene pensado usar un teléfono celular en su automóvil. Si tiene dudas acerca de la ley, lo más seguro es no usar un teléfono celular en su automóvil y si realmente debe usarlo, estacione al costado de la carretera mientras habla.

## Reparaciones y Mantenimiento

Hay varias cosas importantes que debe saber acerca de las reparaciones y el mantenimiento general. Si su automóvil está cubierto por una garantía, debe llevarlo a reparar con el concesionario autorizado para no tener que pagar las reparaciones. Las garantías no cubren accidentes. Las reparaciones y el mantenimiento que no están cubiertos por garantías pueden realizarse en distintos lugares. Algunos de estos lugares son tiendas grandes, como Sears, otros son estaciones de servicio y otros son talleres de reparaciones independientes. Lo ideal es tener la recomendación de aquellos que ya hayan utilizado tales servicios de reparación.

Todo taller de reparaciones de automóviles responsable le proporcionará algún tipo de garantía por su trabajo. A veces, estas garantías son muy cortas, como por ejemplo de treinta días, pero generalmente duran lo suficiente como para indicar si el trabajo se realizó correctamente. Cuando le hagan reparaciones a su automóvil, debe asegurarse de averiguar cuánto dura la garantía de esas reparaciones. Muy a menudo, la factura o recibo que usted recibe del taller de reparaciones le brindará esta información. De lo contrario, consúltelo.

Si usted ha hecho reparar su automóvil y comprueba que el trabajo no se hizo satisfactoriamente, debe comunicarse de inmediato con el taller de reparaciones que hizo el trabajo. A menos que lo citen para corregir la reparación inmediatamente, se recomienda escribir una carta que explique la situación al taller de reparaciones. Esto es especialmente importante si no le dan una cita para corregir la reparación de inmediato antes de que venza la garantía. El tipo de carta que tendría que escribir tendría que ser similar al modelo que se incluye en la página siguiente.

10 de abril de 2007

CORREO CERTIFICADO
CON ACUSE DE RECIBO

Jake's Automobile Repair
250 West Maple Drive
Mechanicsville, Virginia 00000

Estimado Señor:

Como usted sabe, hice reemplazar los frenos de mi automóvil en su taller el 14 de marzo de 2007. El recibo que me entregaron cuando pagué el trabajo indica que el trabajo tiene 90 días de garantía. El 8 de abril de 2007, el freno izquierdo trasero comenzó a trabarse al frenar el automóvil. Llamé al taller al día siguiente y pedí una cita, pero me indicaron que tendrían mucho trabajo durante las próximas dos semanas. No me siento seguro conduciendo el auto si los frenos no funcionan bien y le agradecería si pudiera darme una cita en forma inmediata para que puedan repararlos. Sírvase llamarme al número de teléfono de mi trabajo que le dejé anteriormente y que también encontrará al pie de esta carta, para que pueda llevar mi automóvil para la reparación de los frenos.

Atentamente,

Carlos Alvarez
123-555-4564

**Consejo Sobre Automóviles**

A veces ayuda mencionar el tema de la seguridad al pedirle a un taller de reparaciones de automóviles que se apresure y corrija la reparación mal hecha.

Si no queda satisfecho con el trabajo del taller de reparaciones de automóviles aún después de haberle dado la oportunidad de arreglarlo, la mayoría de los estados tienen un organismo estatal que lo ayudarán con el problema. Esta agencia es la que se encarga de los problemas conocidos como *asuntos del consumidor*. Debe llamar por teléfono al número principal proporcionado para el gobierno de su estado de su área y consultar con qué oficina tiene que hablar acerca de la cuestión. Muy a menudo, los talleres corregirán el problema rápidamente una vez que el organismo estatal toma partido.

La otra cuestión relacionada con las reparaciones son los costos. Siempre debe averiguar cuánto costarán las reparaciones antes de realizarlas. A veces, le llevará tiempo al taller de reparaciones determinarlo, pero debe indicarle claramente que no desea que se realice ninguna reparación hasta tanto le hayan informado el costo. Si no hace esto, es posible que reciba una factura mucho más costosa de lo que tenía previsto y no tendrá ningún fundamento legal válido para defenderse.

Debe conseguir lo que se conoce como *presupuesto* cada vez que hace reparar su automóvil. Un presupuesto es el precio que el taller de reparaciones prevé cobrar por la reparación. En la mayoría de los casos, el precio que le cobrarán es exactamente el monto del presupuesto, y si no es así, debe ser muy similar a dicho monto. Algunos estados tienen leyes que exigen a los talleres de reparaciones entregar presupuestos a los clientes y recibir su aprobación para el trabajo antes de comenzarlo. Si reside en un estado que tiene dichos requerimientos, eso debería ser suficiente para solucionar el problema. Si no, debe insistir claramente en recibir un presupuesto en cualquier reparación y aprobarlo antes de que realicen el trabajo.

## Uso del Automóvil para Trabajar

El uso del automóvil para ir y volver del lugar de trabajo no se considera un uso comercial de su automóvil y no es necesario que realice nada al respecto. No tiene derecho a una deducción de impuestos por los gastos de viaje de ida y vuelta al trabajo.

Si usa su automóvil en su trabajo, hay varias cosas que debe saber. Para determinados tipos de trabajo, como el transporte de personas a distintos lugares a cambio de un precio, los estados requieren diferentes tipos de licencias de conducir. Una de ellas se denomina licencia de chofer. Consulte al Departamento de Vehículos a Motor de su estado sobre el uso comercial que pretende darle a su automóvil, a fin de determinar si necesita una licencia de conducir especial.

También debe determinar si el uso comercial que vaya a darle de su automóvil exige algún tipo especial de seguro automotor. Esto es algo que debe consultar a su compañía de seguros o agente de seguros a fin de constatar que tenga el seguro indicado para el uso que pretende darle a su automóvil. Por lo general, el uso comercial de un automóvil aumenta el costo del seguro.

Hay dos maneras en las que pueden pagarle por el uso comercial de su automóvil. Una es recibir el pago de su empleador según la cantidad de millas que conduzca su auto por motivos de trabajo. La otra es obtener una deducción en los impuestos por el uso de su automóvil en el trabajo. Esto también depende de la cantidad de millas que lo conduzca. No puede recibir pagos y deducciones en los impuestos por el mismo uso de su automóvil. Un contador o un asesor de impuestos podrán ayudarle a obtener una deducción en los impuestos por el uso comercial de su automóvil si corresponde.

Si su empleador le paga por millaje el uso comercial de su automóvil, puede recibir hasta 40,5¢ por milla sin que se aplique ningún impuesto. El Servicio de Impuestos Internos (Internal Revenue Service, IRS) le permite recibir este monto si puede probar los fines comerciales para los que usó su automóvil. No es necesario que compruebe los gastos individuales del automóvil, como el combustible y el aceite, las reparaciones, el mantenimiento y el seguro, ya que todos estos están considerados dentro de la asignación de 40,5¢ por milla.

---

### Consejo Sobre Automóviles

La asignación de 40,5¢ por milla es un monto determinado por el IRS que varía constantemente (especialmente, con las fluctuaciones de los precios del combustible): Consulte en el sitio Web del IRS **www.irs.gov** cuál es el monto actual.

---

Si su empleador no le paga una remuneración por el uso comercial de su automóvil, o si la remuneración que recibe es inferior a 40,5¢ por milla, el monto al que tiene derecho puede deducirse de lo que se conoce como sus ingresos brutos ajustados sobre su declaración de impuestos. Un contador o un asesor de impuestos pueden ayudarlo a comprender esta cuestión. Si usted cobra como empleado y recibe un formulario W-2 al finalizar el año, el IRS limita su deducción por gastos del automóvil al monto que exceda el dos por ciento (2%) de sus ingresos brutos ajustados. Lo que debe saber es que usted tiene derecho ya sea a recibir un reembolso por parte de su empleador o a una deducción en los impuestos, siempre y cuando usted documente en detalle los fines comerciales para los cuales usa su automóvil.

Independientemente de que su empleador le pague o usted obtenga una deducción en los impuestos por el uso comercial de su automóvil, es fundamental que lleve un registro exacto de dicho uso. Los libros de registro se venden en las tiendas comerciales, solicítelos a su empleador o haga uno usted mismo. Debe llevar un registro de la fecha en que usó el automóvil con fines comerciales, el propósito del viaje, los lugares a los que condujo y el millaje de cada viaje. A fin de que no quede ninguna duda acerca de esta cuestión en caso de que el IRS o la autoridad impositiva de su estado soliciten verificación, se recomienda registrar las lecturas del odómetro al comienzo de cada viaje comercial.

## Qué Hacer en Caso de Accidente

Si conduce un automóvil regularmente, tiene más posibilidades de que, tarde o temprano, quede involucrado en un accidente. El accidente puede ser provocado por usted o por otro conductor. A veces, puede resultar difícil determinar quién fue el responsable. Es muy importante que responda ante un accidente con cuidado, especialmente cuando se produce en su propio automóvil.

---

### Consejo Sobre Automóviles

Lleve su tarjeta de seguro automotor y la tarjeta de registro del automóvil en el auto en todo momento.

---

Los accidentes pueden afectar sus antecedentes de conducción y su capacidad de conseguir seguro automotor en el futuro. También es posible que un accidente lo afecte desde el punto de vista financiero, según la cobertura de seguro que tenga y el grado de daño causado.

Existen algunas reglas sobre cómo debe manejar un accidente. Si cumple estas reglas y tiene el seguro adecuado, sufrirá la menor cantidad de consecuencias posibles del accidente. Asegúrese de llevar la tarjeta del seguro y tarjeta de registro en su automóvil en todo momento. La tarjeta del seguro, que le entregará su compañía de seguros, debe indicar con quién debe comunicarse en caso de que usted tenga un accidente.

---

### Consejo Sobre Automóviles

Reglas que debe cumplir si tiene un accidente

- Consiga buena atención médica para todas las personas lesionadas
- Coopere con la policía sin admitir cosas innecesarias
- Brinde al otro conductor su información del seguro
- Obtenga la identificación e información del seguro del otro conductor
- Identifique a los testigos del accidente
- Notifique de inmediato a su compañía de seguros y coopere con ella
- No hable con nadie que no sea el representante de su compañía de seguros o el abogado que esta le asigne

- Obtenga una copia del informe policial
- Contrate un abogado para usted si resultó lesionado
- Diríjase a un tribunal de faltas si recibió una boleta o debe comparecer como testigo

## Consiga Buena Atención Médica para Todas las Personas Lesionadas

Conseguir atención médica para cualquier persona lesionada en un accidente es la prioridad. Si tiene un teléfono celular, úselo para llamar al 9-1-1 de inmediato. Si no tiene uno, pida ayuda a alguien que se encuentre cerca o al otro conductor. No deje de conseguir buena atención médica para cualquier persona que haya resultado lesionada en un accidente. Complicará su situación legal si no lo hace.

## Coopere con la Policía sin Admitir Cosas Innecesarias

Un agente de policía puede llegar hasta el lugar del accidente si alguien llama a la policía o si vio el accidente. Debe cooperar plenamente con la policía, pero no debe admitir cosas que no sean necesarias. Recuerde que habrá una denuncia preparada por la policía y generalmente reproducirá lo que los conductores informaron. A usted lo favorece si el otro conductor admite hechos, pero no es recomendable que usted lo haga. Si el otro conductor admite hechos acerca del accidente, y la policía no lo anota, debe hacerlo usted apenas se quede solo. Quizás pueda usar estas declaraciones en el proceso legal que siga al accidente.

## Brinde al Otro Conductor su Información del Seguro

El otro conductor tiene derecho a obtener su nombre, dirección, número de teléfono, compañía de seguros, número de póliza, y número de teléfono de la compañía de seguros. No es necesario que analice el accidente con el otro conductor y es mejor no hacerlo.

## Obtenga la Identificación e Información del Seguro del Otro Conductor

Debe obtener del otro conductor la misma información que usted le proporcione. No olvide anotar esta información. Si es posible, pídale y lea la tarjeta de seguro y el registro al otro conductor, a fin de obtener la información correcta. Además, asegúrese de anotar la descripción del automóvil del otro conductor, el número de patente del otro automóvil, los nombres, direcciones, números de teléfono de los pasajeros del automóvil. Esta información será de utilidad.

## Identifique a los Testigos del Accidente

Si hay personas en la zona del accidente que fueron testigos de este, pídales si pueden proporcionarle sus nombres y números de teléfono. Si, aparentemente, el accidente fue culpa del otro conductor, esta información puede ser particularmente útil para usted.

## Notifique a la Compañía de Seguros Inmediatamente Acerca del Accidente y Coopere con Ella

Después de un accidente, debe notificar de inmediato a la compañía de seguros y asegurarse de no hablar con nadie, salvo con un representante de su propia compañía de seguros. Tarde o temprano, su compañía de seguros puede derivar el asunto a un abogado para que le represente y usted también deberá cooperar con este abogado.

Probablemente, su póliza de seguro tiene lo que se conoce como *cláusula de cooperación*. Esta cláusula requiere que usted coopere plenamente con su compañía de seguros. Si se inician acciones legales contra usted y el caso no se resuelve inmediatamente, será necesario completar papeles y realizar otras cuestiones que le aconsejará su abogado. No se preocupe por estas cuestiones, simplemente coopere con el abogado elegido por su compañía de seguros. Una de las razones por las que contrata seguro automotor es que recibirá estos servicios si tiene un accidente.

## No Hable con Nadie que No Sea el Representante de su Compañía de Seguros o el Abogado que le Ésta Asigne

Si otra persona que no es el representante de su compañía de seguros ni su abogado pide hablar con usted acerca del accidente, no lo haga. Debe decirle a esta persona lo siguiente: *No puedo hablar sobre el accidente con usted. Por favor, no vuelva a llamarme. Adiós.*

Tenga cuidado si alguien intenta hablar con usted sobre el accidente, ya que pueden estar representando al otro conductor. A veces algunas personas tratan de engañar a los conductores con esto y por ello siempre haga las preguntas que sean necesarias para identificar a la persona antes de hablar con ella.

## Obtenga una Copia del Informe Policial

Si puede, obtenga una copia del informe policial. Los informes policiales generalmente están listos a los pocos días en la estación de policía en la que trabajan los agentes de policía que llegaron hasta el accidente. Su compañía de seguros, por lo general, obtendrá una copia del informe policial, pero es útil que usted también tenga una.

## Contrate un Abogado para usted si Resultó Lesionado

Si resulta lesionado en el accidente y cree que el otro conductor tuvo la culpa, contrate su propio abogado. El abogado que le proporciona su compañía de seguros es únicamente para defenderlo en un juico que inicie el otro conductor o un pasajero. Deberá encontrar un abogado que lo represente en cualquier demanda que desee entablar contra el otro conductor.

Muchos abogados que hacen este tipo de trabajo realizan publicidad en distintos medios, pero no necesariamente son los mejores abogados. Una buena manera de conseguir un buen abogado es consultar a sus amigos, familiares o compañeros de trabajo. Asegúrese de informar a su nuevo abogado acerca del trabajo que haya realizado su compañía de seguros en relación con el accidente a fin de que pueda coordinar todo con el abogado de la compañía de seguros. Desafortunadamente, muchos accidentes en los que hay demandas de ambas partes generalmente obligan a las personas a tener dos abogados. Si cumple cuidadosamente con cada una de sus instrucciones, esto no debería causar demasiadas dificultades.

## Diríjase a un Tribunal de Faltas si Recibió una Boleta o si Debe Comparecer Como Testigo

Si recibe una boleta por un accidente o si debe comparecer como testigo por la boleta de la otra parte, asegúrese de comparecer ante el tribunal en el momento requerido. Si bien las boletas de tráfico por accidentes son un tema aparte, el abogado designado por su compañía de seguros debe ser notificado al respecto. La mayoría de las boletas son de poca importancia, aunque hay boletas por infracciones más graves, como conducir bajo los efectos del alcohol o las drogas, conducir de manera imprudente o huir de la escena de un accidente. El abogado de su compañía de seguros debe aconsejarle sobre cómo manejar cualquier cuestión relacionada con boletas y hacer los arreglos necesarios para que alguien lo acompañe al juzgado. Siga este consejo atentamente ya que el resultado de las causes sobre infracciones de tránsito pueden afectar el caso que involucra a su compañía de seguros.

## Compartir y Prestar su Automóvil

Cuando usted es propietario de un automóvil, es responsable de lo que sucede cuando lo usan, aún cuando usted no sea el conductor. Tal como se explicó en el Capítulo 1, no es recomendable ser propietario de un automóvil junto con otra persona, a menos que sea su cónyuge. Además, existen motivos por los que no debe prestar su automóvil a otras personas.

Cuando usted presta su automóvil a otra persona, esa persona está autorizada para conducirlo, y usted es responsable de la manera en que lo hace. Las pólizas de seguro a menudo limitan su derecho de permitir que otra persona conduzca su automóvil, especialmente las personas que son menores de determinada edad o no tienen una licencia de conducir adecuada. Aún si su póliza de seguro permite que otra persona conduzca su automóvil, no se recomienda hacerlo. Si la otra persona tiene un accidente o si de alguna manera provoca daños con su automóvil, la persona que resulte lesionada o sufra un daño muy probablemente presentará una demanda e iniciará acciones legales contra usted, ya que usted es el propietario del automóvil. Si esto sucede, puede costarle dinero y seguramente su compañía de seguros quedará involucrada. Es posible que la prima del seguro aumenten debido a esto. Incluso, cabe la posibilidad de que la compañía de seguros anule su seguro.

Lo peor que puede hacer con su automóvil es prestárselo a alguien que no sea responsable o no tenga la licencia adecuada para conducir. Esto se conoce como *transferencia negligente* y puede acarrear consecuencias legales graves que no estén cubiertas por su seguro. Nunca preste su automóvil, y especialmente, no a alguien que no sea un conductor cuidadoso sin la licencia pertinente.

Debe incluir en su póliza de seguro los nombres de los miembros de su familia que conducen su automóvil.

Estos se denominan *conductores autorizados*. La mayoría de las compañías de seguro cobran más cuando una persona incluye a conductores autorizados que sean menores de cierta edad. En muchas situaciones los hombres jóvenes producen un mayor aumento en el costo del seguro que las mujeres jóvenes. Esto se debe a que, generalmente, los hombres jóvenes tienen más accidentes.

A veces es difícil o embarazoso decirle a alguien que no puede usar el automóvil. Es más fácil decirle que su seguro automotor no cubre a otros conductores y usar esto como una excusa adecuada para no prestarlo. Es una buena excusa para darle a la otra persona y la mayoría la aceptarán.

## Qué Hacer si Roban su Automóvil

Se roban automóviles todo el tiempo. A veces los roban en garajes, estacionamientos o en la vía pública, y otras se los roban al propietario mismo. Dado que uno nunca sabe cuándo puede suceder esto, nunca debe dejar objetos de valor o peligrosos en su automóvil.

Si roban su automóvil, hay dos cosas que debe hacer de inmediato. En primer lugar, debe notificar a la policía que han robado su automóvil, dónde ocurrió el hecho y su descripción y número de patente. En segundo lugar, debe informar a su compañía de seguros, llamando al número de teléfono proporcionado en la tarjeta del seguro. Si tiene un agente de seguros, le puede enviar una nota para que la entregue a la compañía de seguros. Es posible que su compañía de seguros tenga preguntas para hacerle acerca del asunto y que le de las instrucciones de los pasos a seguir. Usted deberá seguir sus instrucciones.

# Qué Hacer en Caso de una Ejecución Hipotecaria

Existen procedimientos legales para que los prestamistas confisquen los automóviles a los propietarios que no pagan los préstamos de sus automóviles. Si su prestamista utiliza estos procedimientos, puede descubrir, en cualquier momento, que su automóvil ya no está en el lugar de estacionamiento.

Una *ejecución hipotecaria* es un procedimiento mediante el cual el prestamista (el banco o la compañía financiera) confisca su automóvil y lo vende para cancelar la deuda. Esto se conoce como *recuperación*. Debe recibir una carta de advertencia del prestamista antes de que esto suceda. La única manera de evitar una ejecución hipotecaria es poner nuevamente sus pagos al día.

Una ejecución hipotecaria es perjudicial para usted de varias maneras. Es perjudicial para usted porque pierde su automóvil. También es perjudicial para usted porque que le queda una marca negra en sus antecedentes crediticios. Las ejecuciones hipotecarias generalmente son incluidas en informes sober antecedentes crediticios y los prestamistas prefieren no prestar dinero a las personas que las han sufrido.

Si se vuelve imposible para usted realizar los pagos de su automóvil puntualmente, hay una mejor manera de manejar la situación que permitir que el prestamista presente una ejecución hipotecaria. Debe dirigirse al prestamista y notificarlo de que no puede realizar los pagos de su automóvil. A veces, los prestamistas permiten que aquellos que se hallan en estas situaciones intenten vender sus automóviles por sí mismos. Esto es útil porque, probablemente, usted pueda llegar a obtener un mejor precio de este modo. Siempre es mejor que el prestamista no tome su automóvil sin su consentimiento, ya que eso siempre le costará dinero.

El prestamista tiene derecho al monto total de la deuda, más intereses y determinados costos. Si sobra dinero, usted tiene derecho a recibirlo. Esto significa que según el valor de su automóvil y la parte del préstamo que usted haya cancelado, es posible que aún adeude dinero después de una ejecución hipotecaria.

A veces existen maneras legales de tratar una ejecución hipotecaria, por lo cual deberá contratar a un abogado a tal fin. Dado que una ejecución hipotecaria, por lo general indica que usted tiene dificultades financieras, probablemente esta sea una buena ocasión para conseguir un abogado para todos sus problemas crediticios. Un abogado puede aconsejarle acerca de la mejor manera de manejar sus problemas crediticios y ayudarle a implementarlas.

# Capítulo 4

# Cómo Conducir un Automóvil de Acuerdo con la Ley

Los automóviles frecuentemente provocan problemas con la policía y otras autoridades. Muchas personas tienen terminan en un procedimiento legal o siendo demandadas por alguien debido al uso de un automóvil. Además, pueden surgir muchos tipos de problemas diferentes por el uso indebido de un automóvil. El mejor consejo para cualquier persona que tenga un automóvil es mantener y usar el automóvil cumpliendo estrictamente con los requisitos legales.

Contar con el título y registro adecuados para su automóvil, con las inspecciones actualizadas y completas y el seguro automotor obligatorio son los primeros requerimientos que debe satisfacer para mantenerse alejado de las dificultades legales relacionadas con su automóvil. Estas cuestiones fueron desarrolladas en forma detallada en este libro y el Departamento de Vehículos a Motor de su estado tiene personal disponible para responder a cualquiera de sus preguntas. No use su automóvil hasta no estar seguro de que cumple con todos estos requerimientos.

El siguiente tema de preocupación relacionado con el uso legal de su automóvil es su estado. Además de las inspecciones estatales obligatorias, todos los requisitos de seguridad deben encontrarse en buen estado de funcionamiento. Algunos de los accesorios de seguridad y otros requisitos que se aplican a los automóviles son visibles para los agentes de policía. Lo más importante son los elementos de seguridad, especialmente los cinturones de seguridad. Algunos de estos elementos no son visibles, como por ejemplo el estado de los frenos de su automóvil, pero son igualmente importantes. Si bien es más probable que reciba una boleta por una pieza visible que no se encuentra en buen estado, también puede recibir una boleta si un oficial de policía determina que otra pieza no funciona correctamente. Se recomienda que un buen mecánico revise su automóvil, por lo menos, una vez por año, aún cuando esto no sea requerido por las leyes de su estado.

Tal como se le informó cuando recibió su licencia de conducir, existen muchas faltas de tránsito que conviene evitar. La más grave es conducir en forma imprudente, conducir bajo los efectos del alcohol o las drogas ilegales, huir de la escena de un accidente y no detenerse de inmediato cuando la policía se lo indica. Estas faltas aumentan la posibilidad de ser condenado a prisión además de multas y puntos contra su licencia de conducir, según la gravedad de la falta.

# Odómetros

Un odómetro es un dispositivo que indica el millaje de un automóvil. Los odómetros se encuentran en los velocímetros de los automóviles y están hechos de manera tal que propietarios y conductores no puedan modificarlos. Como propietario de un automóvil debe conocer los requerimientos legales relacionados con los odómetros, ya que se aplican penas graves por infringirlos.

Las leyes federales y estatales imponen determinados requerimientos en relación con los odómetros. El primer requisito relacionado con los odómetros es que nadie puede cambiar su millaje. Si un odómetro se rompe, según la ley deberá hacerlo reparar de inmediato, y existe un procedimiento para reinstalarlo de modo tal que indique el millaje exacto del automóvil. La ley también requiere que se extiendan las lecturas del odómetro a la persona que adquiere el automóvil y a su Departamento de Vehículos a Motor para su registro y otros fines. Es absolutamente necesario que la lectura del odómetro sea exacta en todo momento.

Existen varias penas por infringir las leyes en materia de odómetros. Estas penas varían para los distintos estados y según las faltas. Las penas posibles incluyen multas, restricción sobre el uso del automóvil y, en casos muy graves, arresto. No debe preocuparse de las posibles penas por violar una ley en materia de odómetros si tiene el cuidado de no hacerlo. Si se rompe el odómetro de su automóvil o si tiene alguna duda con respecto a él, debe comunicarse de inmediato con el Departamento de Vehículos a Motor de su estado y seguir sus consejos. Se recomienda escribir la fecha y el nombre de la persona con la que hable en el

Departamento de Vehículos a Motor y guardarlos en un lugar conveniente, de manera tal que tenga un registro de esa comunicación.

# Detectores de Radar

Existen una serie de dispositivos para advertir a los conductores que la policía está usando un radar en un área para detectar a aquellos que superan los límites de velocidad. Los estados tienen diferentes leyes en materia de detectores de radar y, en algunos estados, son ilegales. Si instala uno en su automóvil y lo usa en un estado en el que es ilegal, puede recibir una multa por hacerlo. Además, a los agentes de policía no les agrada demasiado encontrar un detector de radar al detener un automóvil por exceso de velocidad. Será mucho mejor para usted que conduzca dentro de los límites de velocidad establecidos y que no use un detector de radar.

---

### Consejo Sobre Automóviles

El exceso de velocidad es más grave que otras faltas de tránsito y conducir a una velocidad excesiva puede ser una falta muy grave.

---

# Artículos Prohibidos

Hay una serie de artículos que no debería permitir jamás que ingresen en su automóvil por ningún motivo. Estos artículos pueden dar lugar a multas graves, arresto y confiscación de su automóvil. La policía y demás autoridades del orden público no tienen ningún tipo de tolerancia con respecto a estos artículos.

Los artículos prohibidos incluyen:

- cualquier tipo de drogas ilegales;

- cualquier tipo de alcohol (incluso en botellas cerradas) si cruza los límites de los estados;

- cigarrillos (más de un paquete abierto en su bolsillo) si cruza los límites de los estados;

- dispositivos médicos, como jeringas;

- armas de fuego (salvo escopetas, tales como rifles de caza expresamente permitidos en su estado o armas de fuego autorizadas); y,

- material pornográfico, especialmente si involucra a niños.

Si bien existen determinadas excepciones a algunos de estos artículos, a menos que esté absolutamente seguro de cuáles son, no debería correr el riesgo. El mejor consejo es no llevar nunca en su automóvil nada de lo que pueda sentirse avergonzado si un oficial de policía le pidiera revisar el auto por completo. Recuerde que al ser la persona que se encuentra en control de su automóvil, usted es responsable de cualquier cosa que coloquen en él, ya sea un pasajero u otra persona.

## Recuperos de Automóviles

En algunas ocasiones, un tipo de automóvil en particular es defectuoso y el fabricante no tiene conocimiento del defecto sino hasta después de que se hayan vendido automóviles de ese tipo a muchos clientes. Esto es especialmente grave cuando el defecto está relacionado con una cuestión de seguridad, como un defecto relacionado con el sistema de frenos de un automóvil o un defecto que pudiera provocar un incendio. Cuando se producen estos defectos, los fabricantes de automóviles llevan a cabo lo que se conoce como recupero. Un recupero es un aviso a todos los propietarios de un determinado tipo de automóvil de que el fabricante está realizando un recupero del automóvil, a los fines de corregir el defecto. Cuando se realizan recuperos, se reparan los defectos y los gastos corren por cuenta del fabricante, y la única responsabilidad de los propietarios de los automóviles es llevar sus automóviles al concesionario autorizado por el fabricante para que lo reparen. Generalmente, los concesionarios autorizados son los mismos que venden este tipo de automóvil nuevo en particular.

Existe un sitio Web para verificar los recuperos de automóviles y los informes de seguridad en general. Es **www.mycarstats.com**. El gobierno federal también mantiene un sitio Web que proporciona informes de seguridad sobre automóviles. Es **www.nhtsa.dot.gov**. Debe suponer que si se ha realizado un recupero de su automóvil o un informe de seguridad respecto de un defecto en él, probablemente sea lo suficientemente grave para que usted lleve el automóvil a un concesionario autorizado lo antes posible para su reparación.

# Capítulo 5

# Cómo Vender un Automóvil

Vender un automóvil a un concesionario de automóviles nuevos o usados es, probablemente, la manera más fácil de vender un automóvil. Si usted decide usar este método, lleve su automóvil a un par de concesionarios para asegurarse de recibir el mejor precio posible. Existen ventajas y desventajas de vender un automóvil a un concesionario y debe conocerlas.

La ventaja principal de vender un automóvil a un concesionario de automóviles es que es muy fácil. Los concesionarios de automóviles, por lo general, se encargarán de todo el papeleo necesario para la venta del automóvil y generalmente podrá dejar el automóvil con el concesionario y recibir su dinero en muy poco tiempo. Sin embargo, como los concesionarios deben obtener una ganancia, generalmente no obtendrá el precio más alto posible si vende un automóvil a un concesionario de automóviles.

Si utiliza otro método, como publicar un anuncio en el periódico, generalmente podrá obtener un precio más alto, pero deberá enfrentar el inconveniente de tener que recibir a varios posibles compradores para que vean su automóvil. Si hace esto, también deberá conseguir por cuenta propia un contrato de compraventa adecuado para el automóvil, recibir el pago, entregar el automóvil al comprador y retirar las placas. Deberá decidir si estos inconvenientes justifican el dinero adicional que puede recibir si vende su automóvil a alguien que no sea un concesionario de automóviles.

## Cómo Vender su Automóvil usted Mismo

Otra posibilidad es vender su automóvil a alguien que desee comprarlo. Las formas de encontrar tal persona son los anuncios en los periódicos locales (que no son costosos), publicidad en Internet y en algunos lugares, publicidad en revistas para la venta de automóviles y otros artículos. Una buena forma de tener una idea de cuál es el mejor precio que puede obtener por su automóvil es mirar anuncios de automóviles similares que estén en venta. Vender un automóvil de una de estas maneras lleva más tiempo que llevárselo a un concesionario y también debe ser cauteloso acerca de las personas que van a verlo. Si es posible, lo mejor es no recibir personas en su hogar para ver el automóvil que desea vender.

Si vende su automóvil a un concesionario, el concesionario le proporcionará algún tipo de contrato legal para la venta. A veces, este contrato se encuentra dentro de un documento que se denomina "Contrato de compraventa". Si vende su automóvil por su cuenta, necesitará un documento escrito para hacerlo. Al final de este capítulo, se incluye un modelo simple de un documento que puede usar para este fin.

Hay una serie de sitios Web que son útiles para vender o comprar automóviles. Ellos son: **www.autobytel.com**, **www.autotrader.com**, **www.autoweb.com**, **www.cars.com**, y **www.thebiglot.com**.

# Contrato de Venta de Automóviles en el Estado en Que Se Encuentran

Al vender un automóvil, es importante que no proporcione ninguna garantía al comprador. Independientemente de si el comprador es un concesionario o una persona física, no es recomendable colocarse en una situación en la que lo puedan demandar posteriormente por no haber avisado al comprador acerca de algo que no funcionaba bien en el automóvil. La forma de logarlo es estar seguro de que el contrato de venta de su automóvil indique que no proporciona garantías, y además el comprador tiene la libertad de hacer inspeccionar el automóvil con el inspector que elija.

Cualquiera sea la forma en que vende su automóvil, el documento de venta debe dejar bien en claro que la venta es lo que se conoce como *venta en el estado en que se encuentra*. Este es un tipo de venta mediante la cual el vendedor no garantiza nada acerca del estado del automóvil que vende. Esto es muy importante para usted, ya que los compradores a menudo reclaman después de una venta que un vendedor declaró algo falso acerca del automóvil, como el estado de determinadas piezas o el mantenimiento que ha recibido. No será agradable encontrarse con que el comprador de su automóvil haga este tipo de reclamo en su contra y usted deba gastar dinero para defenderse. Como este es un asunto tan importante para usted, el contrato debe ser proporcionado al comprador en un idioma que comprenda. Por lo tanto, si únicamente habla inglés, debe estar en inglés y si únicamente habla español, el acuerdo debe estar en español. A continuación, se incluyen las versiones en español y en inglés.

ESTA VENTA ES UNA VENTA "EN EL MISMO ESTADO EN QUE SE ENCUENTRA". EL VENDEDOR NO HA OTORGADO NINGUNA GARANTÍA Y EL COMPRADOR NO SE BASA EN NINGUNA GARANTÍA O DECLARACIÓN, YA SEA ORAL O ESCRITA, ACERCA DEL AUTOMÓVIL. EL COMPRADOR HA TENIDO EL DERECHO A HACER UNA INSPECCIÓN DEL AUTOMÓVIL CON UN INSPECTOR DE SU ELECCIÓN Y A BASARSE EN DICHA INSPECCIÓN. ESTA CLÁUSULA SEGUIRÁ VIGENTE LUEGO DEL CIERRE DE LA VENTA DEL AUTOMÓVIL.

THIS SALE IS AN "AS IS" SALE. SELLER HAS NOT MADE AND BUYER HAS NOT RELIED UPON ANY WARRANTIES, GUARANTEES, OR REPRESENTATIONS, WRITTEN OR ORAL, CONCERNING THE CAR. BUYER HAS HAD THE RIGHT TO HAVE THE CAR INSPECTED BY AN INSPECTOR OF BUYER'S CHOICE AND TO RELY UPON SUCH INSPECTION. THIS PROVISION SHALL SURVIVE CLOSING OF THE SALE OF THE CAR.

Si el comprador solicita la oportunidad de realizar una inspección al automóvil, debe permitir que esto suceda en el taller que elija el comprador. No debe recomendar a un inspector en particular ni involucrarse de ninguna manera con dicha inspección.

A veces, los compradores prefieren un contrato de venta que indique que la venta estará condicionada a los resultados de una inspección que sean satisfactorios para el comprador. Este tipo de contrato no tiene nada de malo y puede recibir el mejor precio por su automóvil si complace al comprador en este aspecto.

Debe tener en cuenta que las cláusulas "en el mismo estado en que se encuentra" de los contratos para vender automóviles no lo liberan de ninguna responsabilidad en virtud de las leyes de su estado. Por ejemplo, existen leyes que rigen las declaraciones falsas acerca del millaje de un automóvil y la lectura del odómetro. Ningún contrato podrá liberarlo de estas responsabilidades y debe asegurarse de cumplir con ellas.

---

### Consejo Sobre Automóviles

Se recomienda anotar la lectura del odómetro cuando el comprador recibe su automóvil. Esto puede resultar útil si surge una pregunta acerca del odómetro en el futuro, o si sucede cualquier cosa relacionada con el automóvil luego de venderlo.

---

## Cuestiones Adicionales Relacionadas con la Venta de su Automóvil

Debe asegurarse cuando vende un automóvil de retirar todos sus artículos personales, incluidas sus tarjetas de registro y del seguro. Lo mejor es que el nuevo comprador u otra persona no puedan usar esas tarjetas. Es muy importante que retire las placas del automóvil cuando lo vende. Aunque ya no sea propietario de un automóvil, las placas de éste todavía están registradas bajo su nombre y usted es responsable por ellas. La mayoría de los estados exige que se devuelvan las placas al Departamento de Vehículos a Motor, cuando se vende un automóvil. Llame al Departamento de Vehículos a Motor de su estado y haga todo lo que le dice el personal del Departamento con respecto a las placas que usted retire de su automóvil. No acepte, bajo ninguna circunstancia, permitir al comprador de su automóvil usar sus placas, aún si fuese durante muy poco tiempo.

También debe asegurarse, apenas venda su automóvil, de notificar a su compañía de seguros que ha sido vendido y que deben anular su seguro. Su póliza de seguro no le da derecho a vender su automóvil con seguro al nuevo propietario y éste deberá hacer los arreglos necesarios para contratar su propio seguro. Used no debería involucrase.

Cuando haya finalizado la venta de su automóvil, asegúrese de tener una copia del contrato que usó para venderlo. El contrato debe estar firmado por usted y por el comprador que adquirió su automóvil, al cual se le deberá entregar una copia.

## CONTRATO DE COMPRAVENTA

ESTE CONTRATO DE COMPRAVENTA (el contrato de compraventa ) se celebra el día _____
de _____ de 20_____, entre
_____ (Vendedor) y
_____ (Comprador).

## POR CUANTO

Por la suma de _____ ($_____)
y por otra contraprestación susceptible de valor pecuniario, sirvindo el presente de suficiente recibo para el Vendedor declara en el presente, el Vendedor vende, cede y transfiere al Comprador, su/sus sucesor/es y cesionarios, todos los derechos, título e intereses sobre:

## INFORMACIÓN DEL VEHÍCULO:

Número de ID del vehículo (NIV Nº) _____
_____

Marca _____

Modelo _____

Año _____

Estilo _____

Color _____

Lectura del odómetro_____

Nº de registro del vendedor: _____

ESTA VENTA ES UNA VENTA "EN EL ESTADO EN QUE SE ENCUENTRA". EL VENDEDOR NO HA OTORGADO NINGUNA GARANTÍA Y EL COMPRADOR NO SE BASA EN NINGUNA GARANTÍA O DECLARACIÓN, YA SEA ORAL O ESCRITA, ACERCA DEL AUTOMÓVIL. EL COMPRADOR HA TENIDO EL DERECHO A HACER UNA INSPECCIÓN DEL AUTOMÓVIL CON UN INSPECTOR DE SU ELECCIÓN Y A BASARSE EN DICHA INSPECCIÓN. ESTA CLÁUSULA SEGUIRÁ VIGENTE LUEGO DEL CIERRE DE LA VENTA DEL AUTOMÓVIL.

THIS SALE IS AN "AS IS" SALE. SELLER HAS NOT MADE AND BUYER HAS NOT RELIED UPON ANY WARRANTIES, GUARANTEES, OR REPRESENTATIONS, WRITTEN OR ORAL, CONCERNING THE CAR. BUYER HAS HAD THE RIGHT TO HAVE THE CAR INSPECTED BY AN INSPECTOR OF BUYER'S CHOICE AND TO RELY UPON SUCH INSPECTION. THIS PROVISION SHALL SURVIVE CLOSING OF THE SALE OF THE CAR.

En fe de lo cual, firman el presente contrato:

_____    _____

Vendedor

ACEPTADO POR EL COMPRADOR:

_____    _____

Comprador

# Capítulo 6

# Alquiler y Alquiler con Opción a Compra de Automóviles

Hay dos formas de tener un automóvil sin comprarlo son alquilarlo o alquilarlo con opción a compra. Alquilar y alquilar con opción a compra son cosas distintas y este capítulo explica las diferencias.

## Alquiler de un Automóvil

Alquilar un automóvil es útil cuando se hace por períodos breves. Algunas personas alquilan automóviles por uno o dos días, y otras por meses. Si se encuentra en una situación en la que debe alquilar un automóvil por más tiempo, debería considerar la posibilidad de comprar o alquilar con opción a compra un automóvil.

Muchos lugares alquilan automóviles. Sin embargo, la mayoría de las compañías de alquiler de automóviles son grandes compañías nacionales, como Hertz, Avis y Budget. Existen varias ventajas al usar una compañía nacional. Una de las ventajas de estas compañías es que le permiten entregar el automóvil después de haberlo usado en un lugar distinto al que lo recibió.

Esto se conoce como alquiler "*one-way*" (de ida). Sin embargo, generalmente este tipo de alquiler tiene un costo adicional. Las compañías de alquiler nacionales tienen muchos automóviles y pueden reemplazar el que usted alquiló si no funciona bien.

Los alquileres *one-way* son especialmente útiles en situaciones en las que usted necesita usar un automóvil para llegar a un lugar en particular pero no necesita volver al punto de partida. Esto puede suceder, por ejemplo, cuando necesita un automóvil para trasladar muchas cosas a otro lugar o cuando desea hacer una parada en el camino para ir a un lugar, pero no la hará en el viaje de regreso. Si desea hacer esto, averigüe cuánto le costaría alquilar un automóvil adecuado para todo el viaje y cuánto le costaría alquilar el automóvil para hacer un solo trayecto. Cuando conozca la diferencia, podrá determinar si ahorrará dinero al conducir un automóvil de alquiler de ida únicamente y regresando con otro medio de transporte. Si tiene poco tiempo y perdiera dinero al viajar de ida y vuelta, téngalo en cuenta para tomar su decisión.

Usted paga el automóvil de alquiler según el tiempo que lo alquila y la cantidad de millas que lo conduce. A veces, recibe una cantidad de millas gratis, según la cantidad de tiempo que alquile el automóvil. Los automóviles de alquiler, generalmente, se alquilan con el tanque de combustible lleno y así debe devolverlo. Cuando alquila un automóvil, no se espera que usted se responsabilice del mantenimiento o las reparaciones del automóvil.

Cuando usted alquila un auto, se le proporciona un seguro, que por lo general, no es total. Habitualmente se aplica un deducible. El deducible es la cantidad que debe pagar por un accidente antes de que se haga cargo el seguro. El seguro de alquiler, por lo general, tampoco incluye seguro contra colisiones; por lo tanto, si se producen daños en el auto de alquiler, usted será responsable del costo de su reparación. En la mayoría de los casos, usted tiene la opción de recibir o no cláusulas de seguro adicionales, y la compañía de alquiler puede pedirle que indique con una marca sus opciones en el contrato de alquiler. Se recomienda elegir el menor deducible posible y obtener seguro contra colisiones para el automóvil de alquiler. Estas cláusulas harán que su seguro sea lo más completo posible y reducirán los riesgos que implica conducir un automóvil de alquiler.

Como usted es responsable si ocasiona daños al automóvil de alquiler, es importante hacer constar en el contrato cualquier daño que tenga el automóvil en el momento en que lo alquila. A menos que esto ocurra, es posible que le sea difícil convencer a la compañía de alquiler cuando devuelva el automóvil de que los daños estaban antes de que usted lo alquilara. Revise el automóvil de alquiler antes de llevárselo, e insista en hacer constar en el contrato de alquiler cualquier daño que note.

## Alquiler con Opción a Compra de un Automóvil

En cierto sentido, alquilar con opción a compra un automóvil es como ser propietario de un automóvil. El alquiler con opción a compra generalmente se produce durante un tiempo bastante prolongado. Si bien un contrato típico de alquiler con opción a compra dura de tres a cinco años, algunos son más cortos y otros son más largos. Cuando usted alquila un automóvil, con opción a compra, generalmente elige exactamente el automóvil que desea alquilar con opción a compra. En un alquiler con opción a compra, usted se hace cargo del seguro, mantenimiento y las reparaciones del automóvil, tal como lo haría si fuera su propietario con la excepción de que las compañías de alquiler con opción a compra generalmente tienen el derecho de aprobar su compañía de seguros.

---

### Consejo Sobre Automóviles

La Junta de la Reserva Federal (Federal Reserve Board) publica una guía para alquilar automóviles con opción a compra que puede encontrar en **www.federalreserve.gov/ pubs/leasing**.

---

Cuando usted alquila un automóvil con opción a compra en lugar de comprarlo, la principal diferencia es que no es propietario del automóvil. Para algunas personas alquilar con opción a compra un automóvil en lugar de comprarlo implica una ventaja financiera. A veces, esto se debe a cuestiones comerciales e impositivas relacionadas con el uso de un automóvil. Esto es algo que puede consultar a un contador a fin de decidir qué método satisface mejor sus necesidades. Como los alquileres con opción a compra son por bastante tiempo, debe comprender plenamente las ventajas y desventajas financieras de alquilar con opción a compra antes de acordar este tipo de contrato.

Si alquila un automóvil con opción a compra, debe asegurarse de que el contrato de alquiler con opción a compra indique la posibilidad de comprar el automóvil a un precio acordado cuando finalice el alquiler con opción a compra. Usted puede desear o no hacer esto en ese momento pero debe tener el derecho de hacerlo si opta por ello. Si ha cuidado bien el automóvil alquilado y puede comprarlo a un precio razonable, quizás desee hacerlo. Muchos automóviles alquilados no pueden venderse por mucho dinero al final del alquiler con opción a compra. No obstante, un automóvil alquilado puede aún ser de valor para usted.

# Capítulo 7

# Significados de Términos y Frases sobre Automóviles

Tal como ha observado a través de los otros capítulos de este libro, existen muchas palabras y frases que tienen significados especiales en materia de automóviles. Estas palabras y frases son utilizadas por aquellos que trabajan en empresas que compran y venden automóviles, el personal de los Departamentos de Vehículos a Motor estatales, los vendedores de seguro de automóviles y otros. Para su comodidad, a continuación, se incluye una lista de las palabras y frases que se usan frecuentemente junto con sus definiciones. Esta lista le será útil cada vez que escuche o lea una de estas palabras y frases y no las conozca. Obviamente, nunca dude en consultar a otras personas a qué se refieren con una palabra o frase que no usted comprenda.

# A

***acción legal.*** Denuncia presentada en forma oficial en un tribunal de justicia.

***Administración de Vehículos a Motor.*** Nombre común para el organismo responsable de los automóviles y otros vehículos a motor (este organismo habitualmente trabaja a través del Departamento de Vehículos a Motor).

***admisión.*** Declaración realizada por una persona en un accidente automovilístico en la que dice que es responsable del mismo (no hacer este tipo de declaraciones).

***agente de seguros independiente.*** Persona o agente que vende un seguro automotor pero sin estar asociado a una o más compañías en particular (son los ideales).

***agente de seguros.*** Persona o empresa que vende un seguro automotor a una o más compañías particulares.

***alquiler con opción a compra.*** Obtener un automóvil por un tiempo bastante prolongado, pagando una cuota, contratando seguro y realizando el mantenimiento como si el automóvil fuera propio.

***alquiler.*** Contrato para tener la posesión de un automóvil durante un período relativamente breve pagando una tarifa a una compañía como Hertz, Avis, o Budget.

***anulación.*** Quitar la licencia de conducir a un conductor.

***APR.*** Tasa de interés anual que paga por un préstamo para comprar un automóvil.

***aseguradora de último recurso.*** Compañía de seguros que un estado asigna a aquellos que reúnen los requisitos y que no pueden pagar seguro automotor de otra manera.

*asiento de seguridad para niños.* Dispositivo aprobado especialmente para el uso de niños menores de determinada edad o tamaño que los mantiene sujetos a los asientos de los automóviles (las leyes estatales son muy específicas acerca del diseño de estos dispositivos, dónde deben colocarse en los automóviles y cómo deben utilizarse).

*aval o garantía.* Promesa legal vinculante de un concesionario o un taller de servicios de automóviles de que los repuestos o servicios que usted recibe funcionarán correctamente durante un período determinado.

# B

*boleta de tránsito.* Otra manera de decir boleta.

*boleta.* Cargo escrito que le entrega un agente de policía por hacer algo ilegal al conducir.

# C

*cinturón de seguridad.* Tira con hebilla para sujetar a una persona en el asiento de un automóvil.

*citación de testigos.* Documento de un tribunal que solicita a una persona comparecer ante un juez como testigo.

*citación.* Documento judicial que le solicita comparecerante ante la justicia.

*cláusula de cooperación.* Disposición en su póliza de seguro que le exige cooperar plenamente con su compañía de seguros y el abogado que le asigne.

*cobertura contra conductores no asegurados.* Seguro automotor que lo protege a usted y a sus pasajeros contra daños personales en caso de que la persona que cause el accidente no esté asegurada.

*cobertura de seguro contra colisiones.* Cobertura de seguro contra colisiones que paga los daños sufridos por su automóvil en un accidente provocado por usted o por otra persona que conduzca su automóvil.

*cobertura de seguro integral.* Seguro automotor para daños a su automóvil causados por incendio o robo.

*cobertura de seguro para alquiler temporal de automóvil.* Seguro que le proporciona dinero para alquilar un automóvil en caso de que su auto se rompa en un accidente.

*cobertura para servicios de emergencia en la carretera.* Seguro que paga los costos de reparación o remolque si se rompe su automóvil.

*compañía de seguros.* Compañía que vende seguros automotores. Entre los ejemplos se incluyen: State Farm, GEICO, Allstate y muchas otras.

*concesionario de automóviles.* Lugar en el que se venden automóviles nuevos o usados.

*conducir bajo efectos de una sustancia controlada (driving under the influence, DUI).* Conducir después de haber consumido una cantidad ilegal de alcohol o drogas ilegales.

*conducir con la capacidad disminuida.* Una forma menos severa de conducir bajo los efectos de una sustancia controlada (pero igualmente es una falta grave).

*conducir en estado de intoxicación (driving while intoxicated, DWI).* Ver conducir bajo los efectos de una sustancia controlada *(DUI).*

*conductor autorizado.* Persona autorizada por el propietario de un automóvil para conducirlo.

*contrato de compra.* Otro término para contrato de compraventa.

*contrato de compraventa.* Documento que indica que usted ha comprado un automóvil.

*contrato de venta.* Acuerdo vinculante para comprar o vender un automóvil.

*corredor de seguros.* Persona o empresa que vende seguro automotor.

*cotitularidad.* Compartir la titularidad de un automóvil con otras personas (no hacerlo, salvo que sea cónyuge).

# D

*declaración falsa.* Proporcionar información falsa acerca de un automóvil.

*deducible.* Monto de dinero que debe pagar por lesiones, daños u otras pérdidas antes de que su compañía de seguros deba pagarlos.

*defecto.* Algo que no funciona en un automóvil que hará que el automóvil no funcione correctamente.

*demanda.* Reclamo realizado por una persona contra otra por provocar un accidente.

*Departamento de Vehículos a Motor.* Organismo estatal encargado de controlar la titularidad y el uso de automóviles y otros vehículos a motor.

# E

*ejecución hipotecaria.* Confiscar su automóvil debido a su incumplimiento del pago de un préstamo.

*emisión.* Humos que despide el tubo de escape de un automóvil.

*entidad financiera.* Compañía que otorga préstamos para comprar automóviles.

*estación de inspección.* Un taller de servicio de automóviles autorizado por su estado para inspeccionar automóviles.

*etiqueta de inspección.* Papel con adhesivo en la parte trasera que se pega en el parabrisas del automóvil o las placas para indicar que el automóvil aprobó una inspección.

# F

*financiamiento para automóviles.* Solicitar dinero a un banco o a una entidad financiera para comprar un automóvil.

# G

*garantía de reemplazo.* Garantía de que una parte del automóvil se reemplazará si no funciona correctamente durante un determinado período.

*garantía de repuestos y servicios.* Garantía que se aplica a los repuestos y servicios de un automóvil.

**garantía del fabricante.** La garantía para los repuestos y servicios que el fabricante de un automóvil otorga al comprador.

**garantía.** Otro término para referirse a un aval.

# H

**huir de la escena del accidente.** Escapar en automóvil después de haber estado involucrado en un accidente sin identificase ante las demás personas ni cooperar con la policía (esto es muy grave).

# I

**impuesto sobre las ventas.** Impuesto que debe pagar a su estado al comprar un automóvil nuevo o usado.

**incumplimiento.** No realizar los pagos de un préstamo para comprar un automóvil.

**informe policial.** Informe escrito relacionado con un accidente de tránsito que preparan los agentes de policía.

**inspección.** Evaluación de su automóvil exigida por su estado a fin de determinar algo acerca de su estado, como por ejemplo, si las emisiones de su automóvil son aceptables.

# L

**ley del limón (Lemon Law).** Ley que les exige a los fabricantes reparar y a veces, reemplazar los automóviles que fueron vendidos con defectos.

**liberación de prenda.** Documento que indica que ha terminado de financiar su automóvil.

*licencia de chofer.* Tipo de licencia de conducir especial exigida en los estados a los conductores que reciben un pago por sus servicios.

*licencia para conducir.* Licencia requerida por su estado para conducir un automóvil.

*límite de responsabilidad por persona.* Monto máximo que una compañía de seguros pagará por todos daños personales provocados a una persona en un accidente automovilístico.

*límite de responsabilidad por siniestro.* Monto máximo que una compañía de seguros pagará por todos daños personales provocados por un accidente automovilístico.

*límite de responsabilidad.* Monto máximo que una compañía de seguros pagará por daños personales o materiales provocados por un accidente.

# M

*mecánico de automóviles.* Persona autorizada por el estado a reparar automóviles.

*millaje.* Cantidad de millas que un automóvil ha sido conducido.

*millas comerciales.* Cantidad de millas que un automóvil se usa en su trabajo.

# N

*número de identificación (de vehículo) del concesionario.* Número que figura en determinados lugares del automóvil que lo identifica para fines oficiales.

# O

*odómetro.* Dispositivo de un automóvil (generalmente. en el velocímetro) que informa cuántas millas ha recorrido el automóvil.

*opción.* Accesorios, como un reproductor de CD, que usted puede decidir tener en su automóvil.

# P

*Pace Buyer's Guide.* Libros que informan cuánto pagan los concesionarios de automóviles por los automóviles.

*pago inicial.* Monto de dinero que debe pagar inicialmente en caso de comprar un automóvil con financiación.

*pago mensual.* Monto de dinero que debe pagar cada mes cuando adquiere un automóvil financiado.

*patente.* La chapa metálica que recibe del Departamento de Vehículos a Motor cuando inscribe su automóvil (algunos estados le entregan 2 chapas metálicas, una para la parte trasera y otra para la parte delantera del automóvil).

*plazo del préstamo.* Período durante el cual debe realizar pagos mensuales cuando financia la adquisición de un automóvil.

*póliza de seguro.* Contrato escrito entre usted y la compañía que le vende seguro automotor.

*precio de compra.* Cantidad de dinero que paga cuando compra un automóvil.

*precio de etiqueta.* Precio de un automóvil indicado en una etiqueta que le adhiere el fabricante.

**prenda.** El derecho que tiene el banco o entidad financiera sobre su automóvil hasta que usted haya cumplido con todos los pagos de financiación.

**prima de seguro.** Costo del seguro automotor particular.

**protección contra daños personales (personal injury protection, PIP).** El seguro automotor de protección contra determinados daños personales que paga los gastos médicos para usted, y en algunos casos, para los pasajeros de su automóvil, independientemente de quién provocó el accidente.

**puntos.** Números asignados a su licencia de conducir cuando es hallado culpable de determinadas faltas de tránsito (se suspenden o anulan las licencias cuando tienen demasiados puntos).

# R

**recuperación.** Tomar un automóvil del propietario por no pagar un préstamo.

**retención.** Monto de dinero que los concesionarios no deben pagar al fabricante aunque esté incluido en el precio de etiqueta.

# S

**seguro automotor.** Seguro que necesita a fin de ser propietario y poder conducir un automóvil (las leyes estatales establecen requerimientos para cada estado).

**seguro de alquiler.** Seguro que recibe cuando alquila un automóvil (tenga en cuenta los deducibles y exclusiones como seguro contra colisiones).

*seguro de responsabilidad por daños materiales.* Seguro automotor que paga los daños materiales de un accidente.

*seguro de responsabilidad.* Seguro automotor que paga los daños personales y materiales de un accidente.

*sujeción para asiento.* Conjunto de tiras y hebillas, generalmente incluye un arnés para hombros para sujetar a una persona en el asiento de un automóvil.

*suspensión.* Prohibición durante un determinado período de usar su licencia de conducir.

# T

*tarjeta de seguro.* Tarjeta que proporcionan las compañías de seguro automotor que se debe llevar en el automóvil para probar que tiene seguro automotor.

*tasa de seguro.* Monto de dinero que debe pagar a un seguro automotor particular.

*testigo.* Persona que ve un accidente y puede proporcionar información sobre este.

*título.* Documento del estado que proporciona el Departamento de Vehículos a Motor que indica quién es propietario de un automóvil (en algunos estados, la tarjeta de registro sirve como título del automóvil).

*transferencia negligente.* Prestar un automóvil a alguien que tiene un registro de conducir malo o no tiene la licencia adecuada.

*transferibilidad de garantía.* Garantía que alguien puede obtener al comprar un automóvil de otra persona que tiene una garantía (las garantías del fabricante, a menudo son transferibles).

**tribunal de faltas.** Juzgado que atiende causas relacionadas con infracciones de tránsito.

# V

**venta en el estado en que se encuentra.** Venta de un automóvil en su estado actual sin garantía de ningún tipo.

**viajar de ida y vuelta al trabajo.** Conducir su automóvil hacia y desde su lugar de trabajo.

# Conclusión

Espero que al haber revisado y explicado tantas cuestiones necesarias acerca de los automóviles no lo haya desalentado de disfrutar y beneficiarse de ellos. Especialmente en un país tan grande y bien equipado con buenas carreteras como los Estados Unidos, ser propietario de un automóvil y conducirlo puede ofrecer muchas ventajas. La finalidad verdadera de este libro es ayudarle a comprender y manejar aspectos importantes sobre los automóviles a fin de que pueda disfrutar de estas ventajas. Espero que la información brindada en este libro contribuya a lograrlo.

En este libro hice hincapié en el hecho de que cada estado tiene un Departamento de Vehículos a Motor que existe a los fines de brindar asistencia en relación con el uso de automóviles y otros vehículos. Habitualmente, en las oficinas de la mayoría de los Departamentos de Vehículos a Motor hay personas que hablan español. De hecho, algunos de los estados en los que muchas personas hablan español tienen muchos servicios relacionados con los automóviles y licencias de conducir disponibles en español y en inglés. No dude en consultar si hay asistencia disponible en español al tratar con el Departamento de Vehículos a Motor.

Este libro le ha brindado la información que necesita para comprar el automóvil que usted elija, usarlo en forma adecuada y segura, y venderlo cuando esté preparado para hacerlo. No obstante, es posible que tenga preguntas específicas relacionadas con su situación en particular, que surgen en cuestiones tales como el seguro, título, cuestiones financieras, accidentes u otras cuestiones relacionadas con la propiedad y el uso de su automóvil. Es importante que reciba las respuestas correctas a tales preguntas y que comprenda cómo tratar la información que recibe. Hay abogados, contadores, y otras personas en la mayoría de los lugares que hablan español y están dispuestos a dedicarle tiempo para explicar estas cuestiones. Estas personas pueden ayudarle con asuntos que son especialmente difíciles. No dude en solicitar ayuda cuando la necesite.

# Apéndice A

# Departamentos Estatales de Vehículos a Motor

El siguiente anexo enumera los Departamentos de Vehículos a Motor de los diferentes estados.

## Alabama

**Departamento de Impuestos—**
**División de Vehículos a Motor**
50 North Ripley Street
Room 1239
Montgomery, AL 36104
334-242-3000

## Alaska

**Departamento de Administración—**
**Departamento de Vehículos a Motor**
1300 West Benson Boulevard
Anchorage, AK 99503
907-269-5551

## Arizona

**Departamento de Transporte de Arizona—**
**División de Vehículos a Motor**
P.O. Box 2100
Phoenix, AZ 85001
602-255-0072

## Arkansas
**Departamento de Finanzas y Administración de Arkansas—Oficina de Vehículos a Motor**
Ragland Building
1900 West Seventh Street
Room 2042
Little Rock, AR 72201
501-682-4692

## California
**Departamento de Vehículos a Motor de California**
2415 1$^{st}$ Avenue
Mail Station F101
Sacramento, CA 95818
800-777-0133

## Colorado
**Departamento de Impuestos de Colorado— División de Vehículos a Motor**
1881 Pierce Street
Lakewood, CO 80214
303-205-5600

## Connecticut
**Departamento de Vehículos a Motor**
60 State Street
Wethersfield, CT 06161
860-263-5700

## Delaware
**Departamento de Transporte de Delaware— División de Vehículos a Motor**
303 Transportation Circle
Dover, DE 19903
302-744-2500

## District of Columbia
Gobierno del Distrito de Columbia—
Departamento de Vehículos a Motor
301 C Street NW
Washington, DC 20001
202-727-5000

## Florida
Departamento de Seguridad en las Carreteras y
de Vehículos a Motor
Neil Kirkman Building
2900 Apalachee Parkway
Tallahassee, FL 32399
850-922-9000

## Georgia
Departamento de Servicios para el Conductor
2206 East View Parkway
Conyers, GA 30013
678-413-8400

## Hawaii
Departamento de Transporte de Hawaii
Aliiaimoku Building
869 Punchbowl Street
Honolulu, HI 96813
808-538-5500

## Idaho
Departamento de Transporte de Idaho—
División de Vehículos a Motor
3311 West State Street
Boise, ID 83707
208-334-8000

## Illinois
**Secretaría de Estado de Illinois—**
  **Servicios para el Conductor**
  17 North State Street
  Suite 1100
  Chicago, IL 60602
  312-814-2975

## Indiana
**Oficina de Vehículos a Motor de Indiana**
  100 North Senate Avenue
  Indianapolis, IN 46204
  317-233-6000

## Iowa
**Departamento de Transporte de Iowa—**
  **División de Vehículos a Motor**
  Park Fair Mall
  100 Euclid Avenue
  Des Moines, IA 50306
  800-532-1121

## Kansas
**Departamento de Impuestos de Kansas—**
  **División de Vehículos a Motor**
  Docking State Office Building
  915 SW Harrison Street
  Room 100
  Topeka, KS 66625
  785-296-3963

## Kentucky
**Gabinete de Transporte de Kentucky—**
  **División de Licencias de Vehículos a Motor**
  200 Mero Street
  Frankfort, KY 40622
  502-564-4890

## Louisiana
Departamento de Seguridad Pública de Louisiana—
Oficina de Vehículos a Motor
7979 Independence Boulevard
Baton Rouge, LA 70806
877-368-5463

## Maine
Departamento de la Secretaría de Estado—
Oficina de Vehículos a Motor
285 State Street
Augusta, ME 04333
207-624-9000

## Maryland
Departamento de Transporte de Maryland—
Administración de Vehículos a Motor
6601 Ritchie Highway NE
Glen Burnie, MD 21062
301-729-4550

## Massachusetts
Oficina Ejecutiva de Transporte—
Registro de Vehículos a Motor de Massachussetts
630 Washington Street
Boston, MA 02111
617-351-4500

## Michigan
Departamento de Estado de Michigan
108 South Washington Square
Lansing, MI 48933
517-322-1460

## Minnesota
Departamento de Seguridad Pública de Minnesota—
Servicios para el Conductor y los Vehículos
444 Cedar Street
St. Paul, MN 55101
651-296-6911

## Mississippi

**Departamento de Seguridad Pública de Mississippi—
Patrulla de Carreteras—Servicios para el Conductor**
P.O. Box 958
Jackson, MS 39205
601-987-1200

## Missouri

**Departamento de Impuestos de Missouri—
División de Vehículos a Motor y Licencias
de Conductor**
301 West High Street
Room 470
Jefferson City, MO 65105
573-751-4600

## Montana

**Departamento de Justicia—
División de Vehículos a Motor**
Second Floor
303 North Roberts
Helena, MT 59620
406-444-1773

## Nebraska

**Departamento de Vehículos a Motor de Nebraska**
301 Centennial Mall South
Lincoln, NE 68509
402-471-3900

## Nevada

**Departamento de Vehículos a Motor de Nevada**
555 Wright Way
Carson City, NV 89711
702-486-4368

## *New Hampshire*
**Departamento de Servicios del Gobierno—**
**División de Registro Motor**
23 Hazen Drive
Concord, NH 03305
603-271-2371

## *New Jersey*
**Departamento de Transporte de New Jersey—**
**Comisión de Vehículos a Motor**
120 South Stockton and Front Streets
Trenton, NJ 08611
609-292-6500

## *New Mexico*
**Departamento de Tributación e Impuestos de New**
**Mexico—División de Vehículos a Motor**
1100 South St. Francis Drive
Joseph Montoya Building
Santa Fe, NM 87504
888-683-4636

## *New York*
**Departamento de Vehículos a Motor de New York**
6 Empire State Plaza
Albany, NY 12228
800-225-5368

## *North Carolina*
**Departamento de Transporte de North Carolina—**
**División de Vehículos a Motor**
1100 New Bern Avenue
Raleigh, NC 27697
919-715-7000

## North Dakota
Departamento de Transporte de North Dakota—
Licencias de Conducir y Seguridad del Tráfico
608 East Boulevard Avenue
Bismarck, ND 58505
701-328-2500

## Ohio
Departamento de Seguridad Pública de Ohio—
Oficina de Vehículos a Motor de Ohio
1970 West Broad Street
Columbus, OH 43223
614-752-7500

## Oklahoma
Departamento de Seguridad Pública de Oklahoma—
Servicios de Licencias de Conducir
3600 North Martin Luther King Avenue
Oklahoma City, OK 73111
405-425-2424

## Oregon
Departamento de Transporte de Oregon—
Servicios de Vehículos para Conductores
y Vehículos a Motor
DMV Headquarters
1905 Lana Avenue NE
Salem, OR 97314
503-945-5000

## Pennsylvania
Departamento de Transporte de Pennsylvania—
Servicios de Vehículos para Conductores
y Vehículos a Motor
1101 South Front Street
Harrisburg, PA 17104
800-932-4600

## Rhode Island
**División de Vehículos a Motor de Rhode Island**
100 Main Street
Pawtucket, RI 02860
401-588-3020

## South Carolina
**Departamento de Vehículos a Motor de South Carolina**
10311 Wilson Boulevard
Building C
Blythewood, SC 29016
803-896-5000

## South Dakota
**Impuestos y Reglamentaciones de South Dakota—
División de Vehículos a Motor**
445 East Capitol Avenue
Pierre, SD 57501
605-773-2549

## Tennessee
**Departamento de Seguridad de Tennessee**
1150 Foster Avenue
Nashville, TN 37249
615-741-3954

## Texas
**Departamento de Transporte de Texas—
División de Vehículos a Motor**
125 East 11th Street
Austin, TX 78701
800-558-9368

## Utah
**Comisión de Impuestos del Estado de Utah—
Division de Vehículos a Motor**
210 North 1950 West
Salt Lake City, UT 84134
801-297-7780

## Vermont
**Departamento de Vehículos a Motor de Vermont**
120 State Street
Montpelier, VT 05603
802-828-2000

## Virginia
**Departamento de Vehículos a Motor de Virginia**
2300 West Broad Street
Richmond, VA 23220
866-368-5463

## Washington
**Departamento de Licencias del Estado de Washington**
1125 Washington Street SE
Olympia, WA 98507
360-902-3600

## West Virginia
**Departamento de Transporte de West Virginia—
División de Vehículos a Motor**
Building 5
1900 Kanawha Boulevard East
Charleston, WV 25305
304-558-3900

## Wisconsin
**Departamento de Transporte de Wisconsin—
División de Vehículos a Motor**
4802 Sheboygan Avenue
Madison, WI 53707
608-266-2353

## Wyoming
**Departamento de Transporte de Wyoming**
5300 Bishop Boulevard
Cheyenne, WY 82009
307-777-4375

# Apéndice B

# Seguro Automotor Mínimo Requerido por los Estados

El siguiente anexo enumera el seguro automotor mínimo requerido por cada estado. Se presenta de la manera en que los profesionales del seguro generalmente se refieren a una cobertura. Cubre los daños que pagará la compañía de seguros en base a:

Máximo por Cada Individuo/Total por Todos los Daños Personales/Máximo para Daños materiales *(en $1.000)*

| | | | | |
|---|---|---|---|---|
| AL | 20/40/10 | NE | 25/50/25 |
| AK | 50/100/25 | NV | 15/30/10 |
| AZ | 15/30/10 | NH | 25/50/25 |
| AR | 25/50/25 | NJ | 15/30/5 |
| CA | 15/30/5 | NM | 25/50/10 |
| CO | 25/50/15 | NY | 25/50/10 |
| CT | 20/40/10 | | 50/100/10 (si se produce |
| DE | 15/30/10 | | la muerte) |
| FL | 10/20/10 | NC | 30/60/25 |
| GA | 25/50/25 | ND | 25/50/25 |
| HI | 20/40/10 | OH | 12.5/25/7.5 |
| ID | 25/50/15 | OK | 10/20/10 |
| IL | 20/40/15 | OR | 25/50/10 |
| IN | 25/50/10 | PA | 15/30/5 |
| IA | 20/40/15 | RI | 25/50/25 |
| KS | 25/50/10 | SC | 15/30/10 |
| KY | 25/50/10 | SD | 25/50/25 |
| LA | 10/20/10 | TN | 25/50/10 |
| ME | 50/100/25 | TX | 20/40/15 |
| MD | 20/40/15 | UT | 25/50/15 |
| MA | 20/40/5 | VT | 25/50/10 |
| MI | 20/40/10 | VA | 25/50/20 |
| MN | 30/60/10 | WA | 25/50/10 |
| MS | 10/20/5 | WV | 20/40/10 |
| MO | 25/50/10 | WI | 25/50/10 |
| MT | 25/50/10 | WY | 25/50/20 |

# Apéndice C

# Compañías de Seguro de Último Recurso

El siguiente anexo enumera las compañías de seguro de último recurso de cada estado. Use estas compañías únicamente si no puede obtener cobertura en otras compañías que ofrezcan más opciones y mejores precios.

*Alabama*
Procedimiento de Seguro de Automóvil Comercial de Alabama

*Alaska*
Programa de Operador de Servicio de Alaska

*Arizona*
Procedimiento de Seguro de Automóvil Comercial de Arizona

*Arkansas*
Programa de Riesgos Especiales de Arkansas

*California*
Procedimiento de Seguro de Automóvil Comercial de California

## Colorado

Procedimiento de Seguro de Automóvil Comercial
de Colorado

## Connecticut

Procedimiento de Seguro de Automóvil Comercial
de Connecticut

## Delaware

Procedimiento de Seguro de Automóvil Comercial
de Delaware

## District of Columbia

Plan de Seguro Automotor de D.C.
(Distrito de Columbia)

## Florida

Asociación de Seguro Automotor Conjunto
de Florida

## Georgia

Procedimiento de Seguro de Automóvil Comercial
de Georgia

## Hawaii

Programa de Asociación de Seguro Conjunto
de Hawaii

## Idaho

Procedimiento de Seguro de Automóvil Comercial
de Idaho

## Illinois

Procedimiento de Seguro de Automóvil Comercial
de Illinois

## Indiana

Procedimiento de Seguro de Automóvil Comercial
de Indiana

## Iowa
Procedimiento de Seguro de Automóvil Comercial de Iowa

## Kansas
Procedimiento de Seguro de Automóvil Comercial de Kansas

## Kentucky
Procedimiento de Seguro de Automóvil Comercial de Kentucky

## Louisiana
Procedimiento de Seguro de Automóvil Comercial de Louisiana

## Maine
Procedimiento de Seguro de Automóvil Comercial de Maine

## Maryland
Fondo de Seguro Automotor de Maryland

## Massachusetts
Reaseguradores Automotores

## Michigan
Centro de Colocación de Seguro Automotor de Michigan

## Minnesota
Procedimiento de Seguro de Automóvil Comercial de Minnesota

## Mississippi
Procedimiento de Seguro de Automóvil Comercial de Mississippi

## Missouri
Asociación de Seguro Conjunto de Missouri

## Montana
Procedimiento de Seguro de Automóvil Comercial
de Montana

## Nebraska
Procedimiento de Seguro de Automóvil Comercial
de Nebraska

## Nevada
Procedimiento de Seguro de Automóvil Comercial
de Nevada

## New Hampshire
Procedimiento de Seguro de Automóvil Comercial
de New Hampshire

## New Jersey
Procedimiento de Seguro de Automóvil Comercial
de New Jersey

## New Mexico
Procedimiento de Seguro de Automóvil Comercial
de New Mexico

## New York
Programa de Distribución de Riesgos Especiales
de New York/Programa de Automóviles Públicos
de New York

## North Carolina
Centro de Reaseguro de North Carolina

## North Dakota
Procedimiento de Seguro de Automóvil Comercial
de North Dakota

## Ohio
Procedimiento de Seguro de Automóvil Comercial de Ohio

## Oklahoma
Procedimiento de Seguro de Automóvil Comercial de Oklahoma

## Oregon
Procedimiento de Seguro de Automóvil Comercial de Oregon

## Pennsylvania
Procedimiento de Seguro de Automóvil Comercial de Pennsylvania/Procedimiento de Asignación Comercial Mancomunada de Pennsylvania

## Rhode Island
Procedimiento de Seguro de Automóvil Comercial de Rhode Island

## South Carolina
Procedimiento de Seguro de Automóvil Comercial de South Carolina

## South Dakota
Procedimiento de Seguro de Automóvil Comercial (South Dakota)

## Tennessee
Procedimiento de Seguro de Automóvil Comercial de Tennessee

## Texas
Plan de Seguro Automotor de Texas

## Utah
Procedimiento de Seguro de Automóvil Comercial de Utah

## Vermont
Procedimiento de Seguro de Automóvil Comercial de Vermont

## Virginia
Procedimiento de Seguro de Automóvil Comercial de Virginia

## Washington
Procedimiento de Seguro de Automóvil Comercial de Washington

## West Virginia
Procedimiento de Seguro de Automóvil Comercial de West Virginia

## Wisconsin
Programa de Riesgos Especiales de Wisconsin

## Wyoming
Procedimiento de Seguro de Automóvil Comercial de Wyoming

# Apéndice D

# Leyes Estatales Relacionadas con los Sistemas de Sujeción para Asientos

Las leyes de los sistemas de sujeción para asientos son confusas. En algunos estados, las leyes son diferentes para los distintos tipos de vehículos, como camionetas pickup, vehículos suburbanos y furgones. En algunos estados las leyes son diferentes para los ocupantes de los asientos delanteros y traseros. Los estados tienen diferentes leyes referentes a los niños que viajan en los vehículos, que dependen de su edad y de dónde se sientan. Algunos estados incluso tienen más de una ley que se aplica a los niños. Además, algunos estados no cubren a todas las personas en su sistema legal y las leyes estatales cambian cada tanto. La autoridad de la policía para aplicar las leyes de los sistemas de sujeción para asientos también varía en los distintos estados.

Hay información específica acerca de este tema en el sitio Web del Instituto del Seguro para Seguridad en las Carreteras, **www.iihs.org/laws/state_laws/restrain.html**. Como probablemente usted conducirá su automóvil en más de un estado, el método más razonable para adoptar con respecto a este tema es equipar su automóvil con sistemas de sujeción para automóviles que satisfagan todas las leyes estatales y usarlos para todos los ocupantes según los requisitos de los distintos estados. Debe consultar a la policía estatal y local acerca de estas leyes si tiene alguna pregunta.

### Alabama

| | |
|---|---|
| *Personas Cubiertas* | 6 años y mayores en el asiento delantero |
| *Requisitos para Niños* | 3 años y menores |

### Alaska

| | |
|---|---|
| *Personas Cubiertas* | 16 años en todos los asientos |
| *Requisitos para Niños* | 3 años y menores |

### Arizona

| | |
|---|---|
| *Personas Cubiertas* | 5 años y mayores en el asiento delantero, de 5 a 15 años en todos los asientos |
| *Requisitos para Niños* | 4 años y menores |

### Arkansas

| | |
|---|---|
| *Personas Cubiertas* | 15 años y mayores en el asiento delantero |
| *Requisitos para Niños* | 5 años y menores o menos de 60 libras |

### California

| | |
|---|---|
| *Personas Cubiertas* | 16 años y mayores en todos los asientos |
| *Requisitos para Niños* | Menores de 1 año o menos de 20 libras o en un asiento para niños orientado hacia atrás |
| | 5 años y menores o menos de 60 libras en un asiento trasero |

## Colorado

*Personas Cubiertas*    16 años y mayores en el asiento delantero

*Requisitos para Niños*    Menores de 1 año y menos de 20 libras o en un asiento para niños orientado hacia atrás

de 1 a 3 años y entre 20 y 40 libras en un asiento para niños orientado hacia adelante

De 4 a 5 años y menos de 55 pulgadas en un asiento elevado para niños

## Connecticut

*Personas Cubiertas*    7 años y mayores en el asiento delantero

*Requisitos para Niños*    Menores de 1 año o menos de 20 libras o en sistema de sujeción orientado hacia atrás

De 1 a 6 años y menos de 60 libras en un sistema de sujeción para niños

## Delaware

*Personas Cubiertas*    16 años y mayores en todos los asientos

*Requisitos para Niños*    6 años y menores y menos de 60 libras

## District of Columbia

*Personas Cubiertas*    16 años y mayores en todos los asientos

*Requisitos para Niños*    7 años y menores

## Florida

*Personas Cubiertas*   6 años y mayores en el asiento delantero, de 6 a 17 años en todos los asientos

*Requisitos para Niños*   7 años y menores

## Georgia

*Personas Cubiertas*   De 6 a 17 años en todos los asientos, de 18 años y mayores en el asiento delantero

*Requisitos para Niños*   6 años y menores y de 57 pulgadas o menos

## Hawaii

*Personas Cubiertas*   De 4 a 17 años en todos los asientos, de 18 años y mayores en el asiento delantero

*Requisitos para Niños*   3 años y menores

## Idaho

*Personas Cubiertas*   7 años en todos los asientos

*Requisitos para Niños*   6 años y menores

## Illinois

*Personas Cubiertas*   16 años y mayores en el asiento delantero, 18 años y menores en todos los asientos si el conductor es menor de 18 años

*Requisitos para Niños*   7 años y menores

## Indiana

*Personas Cubiertas*   16 años y mayores en el asiento delantero

*Requisitos para Niños*   7 años y menores si el conductor tiene licencia de Indiana

## Iowa

*Personas Cubiertas*  11 años y mayores en el asiento delantero

*Requisitos para Niños*  Menores de 1 año y menos de 20 libras o en un asiento para niños orientado hacia atrás

## Kansas

*Personas Cubiertas*  14 años y mayores en el asiento delantero

*Requisitos para Niños*  3 años y menores

## Kentucky

*Personas Cubiertas*  Más de 40 pulgadas en todos los asientos

*Requisitos para Niños*  40 pulgadas o menos en todos los asientos

## Louisiana

*Personas Cubiertas*  13 años y mayores en el asiento delantero

*Requisitos para Niños*  Menores de 1 año en asiento de seguridad para niños

De 1 a 3 años o entre 20 y 39 libras en un asiento para niños orientado hacia adelante

De 4 a 5 años o entre 40 y 60 libras en un asiento elevado para niños

## Maine

*Personas Cubiertas*  18 años y mayores en todos los asientos

*Requisitos para Niños*  Menos de 40 libras en asiento de seguridad para niños; entre 40 y 80 libras y menores de 8 años en sistema de seguridad que eleva al niño para que pueda usar un cinturón de seguridad para adultos

## Maryland

*Personas Cubiertas*  16 años y mayores en el asiento delantero

*Requisitos para Niños*  5 años y menores o 40 libras o menos

## Massachussetts

*Personas Cubiertas*  12 años y mayores en todos los asientos

*Requisitos para Niños*  4 años y menores o 40 libras o menos

## Michigan

*Personas Cubiertas*  4 años y mayores en los asientos delanteros, de 4 a 15 años en todos los asientos

*Requisitos para Niños*  3 años y menores

## Minnesota

*Personas Cubiertas*  Todos en los asientos delanteros, de 3 a 10 en todos los asientos

*Requisitos para Niños*  3 años y menores

## Mississippi
*Personas Cubiertas*  De 4 a 7 años en todos los asientos, de 8 años y mayores en los asientos delanteros

*Requisitos para Niños*  3 años y menores

## Missouri
*Personas Cubiertas*  De 4 años y mayores en asientos delanteros, de 4 a 15 años en todos los asientos

*Requisitos para Niños*  3 años y menores

## Montana
*Personas Cubiertas*  6 años y mayores en todos los asientos

*Requisitos para Niños*  5 años y menores y menos de 60 libras

## Nebraska
*Personas Cubiertas*  18 años y mayores en todos los asientos

*Requisitos para Niños*  5 años y menores

## Nevada
*Personas Cubiertas*  6 años y mayores en todos los asientos

*Requisitos para Niños*  5 años y menores y 60 libras o menos

## New Hampshire
*Personas Cubiertas*  No hay leyes

*Requisitos para Niños*  5 años y menores y menos de 55 pulgadas

## New Jersey
*Personas Cubiertas*   7 años y menores y más de 80 libras, de 8 a 17 años en todos los asientos, de 18 y mayores en asientos delanteros

*Requisitos para Niños*   7 años y menores y menos de 80 libras sentados en el asiento trasero, si cuenta con uno

## New Mexico
*Personas Cubiertas*   16 años y mayores en todos los asientos

*Requisitos para Niños*   Menor de 1 año en asiento para bebé orientado hacia atrás, de 1 a 4 años, o menos de 40 libras en asiento de seguridad para niños, de 5 a 6 o menos de 60 libras en un asiento elevado para niños

## North Carolina
*Personas Cubiertas*   16 años y mayores en todos los asientos

*Requisitos para Niños*   7 años y menores y menos de 80 libras

## North Dakota
*Personas Cubiertas*   18 años y mayores en el asiento delantero

*Requisitos para Niños*   6 años y menores o menos de 57 pulgadas o menos de 80 libras

## Ohio
*Personas Cubiertas*    4 años y mayores en el asiento delantero

*Requisitos para Niños*   3 años y menores o menos de 40 libras

## Oklahoma
*Personas Cubiertas*    13 años y mayores en el asiento delantero

*Requisitos para Niños*   5 años y menores

## Oregon
*Personas Cubiertas*    16 años y mayores en todos los asientos

*Requisitos para Niños*   3 años y menores, y 40 libras o menos en asiento de seguridad para niños; de 4 a 5 años o entre 40 y 60 libras en sistema de seguridad que eleva al niño para que pueda usar un cinturón de seguridad para adultos

## Pennsylvania
*Personas Cubiertas*    De 8 a 17 años en todos los asientos, de 18 años y mayores en el asiento delantero

*Requisitos para Niños*   7 años y menores

## Rhode Island
*Personas Cubiertas*    13 años y mayores en todos los asientos

*Requisitos para Niños*   6 años y menores y menos de 54 pulgadas y menos de 80 libras

## South Carolina

*Personas Cubiertas*

6 años y mayores en el asiento delantero, 6 años y mayores en el asiento trasero con cinturón de hombro

*Requisitos para Niños*

Menores de 1 año o menos de 20 libras o en un asiento para niños orientado hacia atrás. De 1 a 5 años y entre 20 y 39 libras en asiento de seguridad para niños orientado hacia adelante, de 1 a 5 años y entre 40 y 80 libras en asiento elevado sujetado con cinturón que va desde el hombro al regazo—el cinturón solamente en el regazo no está permitido

## South Dakota

*Personas Cubiertas*

18 años y mayores en el asiento delantero

*Requisitos para Niños*

4 años y menores y menos de 40 libras

## Tennessee

*Personas Cubiertas*

16 años y mayores en el asiento delantero

*Requisitos para Niños*

Menor de 1 año o 20 libras o menos en un asiento para bebés orientado hacia atrás, de 1 a 3 años y más de 20 libras en asiento para bebés orientado hacia adelante, de 4 a 8 años y menos de 60 pulgadas en asiento elevado para niños

Los niños menores de 8 años y de menos de 60 pulgadas deben ir en el asiento trasero, si cuenta con uno. El asiento trasero se recomienda para niños de 9 a 12 años

## Texas

*Personas Cubiertas*    4 años y menores y de 36 pulgadas o más, y de 5 a 16 años en todos los asientos, de 17 años y mayores en el asiento delantero

*Requisitos para Niños*    4 años y menores y menos de 36 pulgadas

## Utah

*Personas Cubiertas*    16 años y mayores en el asiento delantero

*Requisitos para Niños*    4 años y menores

## Vermont

*Personas Cubiertas*    16 años y mayores en todos los asientos

*Requisitos para Niños*    Menores de 1 año o menos de 20 libras o en un asiento para niños orientado hacia atrás

De 2 a 7 años y de más de 20 libras

## Virginia

*Personas Cubiertas*    16 años y mayores en el asiento delantero

*Requisitos para Niños*    5 años y menores

## Washington

*Personas Cubiertas*   16 años y mayores en todos los asientos

*Requisitos para Niños*   Menores de 8 años y menos de 4'9 pulgadas

## West Virginia

*Personas Cubiertas*   9 años y mayores en el asiento delantero, de 9 a 17 años en todos los asientos

*Requisitos para Niños*   7 años y menores y menos de 4'9 pulgadas

## Wisconsin

*Personas Cubiertas*   4 años y mayores en el asiento delantero, de 4 a 15 años en el asiento trasero con cinturón de hombro

*Requisitos para Niños*   3 años y menores

## Wyoming

*Personas Cubiertas*   9 años y mayores en todos los asientos

*Requisitos para Niños*   8 y menores, deben ir en el asiento trasero, si cuenta con uno

# El Autor

**James M. Kramon**, abogado, graduado de las facultades de derecho George Washington y Harvard, se desempeñó como fiscal federal durante cuatro años y luego abrió su propio estudio de abogados en Baltimore, Maryland. Durante los últimos 30 años, tuvo como clientes a pobres y millonarios, empresas familiares y compañías internacionales y todo lo que hay entre estos extremos. El Sr. Kramon ha representado a hospitales, empresas constructoras, fabricantes de mercadería, proveedores de servicios, compañías de seguros, instituciones financieras, urbanizadores, y organismos gubernamentales. Durante más de treinta años, ha prestado servicios legales a personas en cuestiones relacionadas con automóviles. Entre los clientes del Sr. Kramon se incluyen residentes hispanohablantes de los Estados Unidos y otros países.

El Sr. Kramon ha ocupado varios puestos en colegios de abogados y organizaciones de servicios públicos, y ha dictado cursos en varias facultades de derecho. En sus más de cincuenta artículos y cuatro libros anteriores, el Sr. Kramon ha analizado una amplia gama de asuntos legales y sociales. El trabajo del Sr. Kramon ha sido tratado en varios programas de televisión y radio y ha sido analizado en periódicos importantes, como el *Washington Post*. El Sr. Kramon figura en Who's Who in American Law (Quién es Quién en el Derecho Americano) y The Best Lawyers in America (Los Mejores Abogados de los Estados Unidos).

Puede obtener más información acerca de James M. Kramon en **www.kramonandgraham.com**.